JN271523

教えて先生！中小会社の人事・労務・人材活用 図解マニュアル

シエーナ代表取締役
吉川直子 著

はじめに

　終身雇用制度が崩壊し、社員の雇用形態も多様化している現代では、インターネットなどで簡単に情報収集が可能となったこともあり、社員のほうが雇用に関する知識が豊富なケースも多くなってきています。このような背景から労使トラブルも増加しており、中小企業においても、もはや雇用に関する法律を「知らなかった」という対応は通用しません。社員を雇用するにあたって、経営者が人事・労務の基本を押さえておくことは以前にも増して必要不可欠です。

　しかし一方では、法律を守れば人材をうまく活用できるのかというと、必ずしもそうとは言い切れません。最近では社員の価値観も多様化し、マニュアルやテクニックなども通用せず、社員一人ひとりに対する完全個別対応が求められてきており、「人」の問題は法律だけでは解決できないことのほうが圧倒的に多くなってきています。

　私は仕事上、お客様から人材に関するご相談を日々お受けしていますが、ここ数年はお客様から法律上の問題だけではなく、人材に関する幅広いアドバイス全般を求められるようになってきていると感じます。例えば採用については、よりよい人材を採用するための技術や手段などのアドバイスを求められる機会も増えてきています。また、業務命令についても具体的な部下とのコミュニケーションの取り方について相談されることが多くなってきています。

　法律に定められたルールを守ることは、もちろん最低限必要です。

しかし、本当に大事なこととして、日々職場で交わす社員とのコミュニケーションが挙げられます。つまり人材の問題に対しては、人事・労務と人材育成の両面からアプローチすることが求められてきているのです。

　ところが、中小企業向けの人事・労務に関する情報や書籍はたくさんありますが、人材育成に関する情報や書籍は限られており、どちらかというと大企業向けの情報が多く、中小企業にはすぐに実践できない内容であることが多いようです。そこで、本書では、採用から労使トラブル、就業規則、職場でのコミュニケーションまで、中小企業の経営者が、人材活用のための最低限知っておきたいポイントを、人事・労務と人材育成の両面からわかりやすくお伝えする内容を目指しました。

　中小企業では、まだまだ人材に対する時間とお金の投資は優先順位が低いのが現状ですが、これからの時代を生き残っていくために、社員一人ひとりの能力を引き出す努力は企業にとって必要不可欠だと実感しています。社員と友好な関係を築くためにも、必要最低限の雇用ルールを守り、そのうえで社員を育成していくという考え方が必要です。

　本書の内容が、中小企業の人材活用の教科書としてお役に立てたら、著者としてとてもうれしく思います。

吉川直子

目次

はじめに ……………………………………………………………………………… 2

CHAPTER 1 なぜ人を雇うのか？　9

SECTION 1　採用の目的 ……………………………………………………… 10
>> まずは社員を採用する目的について考えてみよう ………………………… 10
>> 社員を雇うことのメリット・デメリット …………………………………… 12

SECTION 2　人件費の考え方 ………………………………………………… 14
>> 人を雇うと給料以外にも費用が発生する …………………………………… 14
>> 人件費は経費でなく、投資として考えよう ………………………………… 16

SECTION 3　労務管理の心構え ……………………………………………… 18
>> 雇用に対し、経営者に求められる責任と義務 ……………………………… 18
>> 社員が守られている法律とは？　①労働基準法 …………………………… 20
>> 社員が守られている法律とは？　②パートタイム労働法、育児・介護休業法など … 22
>> 法律上の「労働者」の定義を知っておこう ………………………………… 24
>> 法律上の「使用者」の定義を知っておこう ………………………………… 26
>> 社会保険と労働保険について　①種類としくみ …………………………… 28
>> 社会保険と労働保険について　②加入する会社 …………………………… 30
>> 社会保険の基本を知ろう ……………………………………………………… 32
>> 労働保険の基本を知ろう ……………………………………………………… 34

CHAPTER 2 自社に合った人材を採用する方法　37

SECTION 1　組織図の作成と自社の採用基準 ……………………………… 38
>> 中小企業の採用の特徴　カン・コネ・人手確保優先 ……………………… 38
>> 組織図を作成しよう　なぜ組織図が必要か？ ……………………………… 40

- 採用基準を明確にする方法 ……………………………………… 42

SECTION2　6つの雇用形態の特徴とメリット・デメリット … 46
- 6つの雇用形態の特徴 ……………………………………………… 46
- 正社員を採用する場合の注意点 ………………………………… 50
- パートタイマーを採用する場合の注意点 ……………………… 52
- 外国人を採用する場合の注意点 ………………………………… 54

SECTION3　採用の流れとスケジュール … 56
- 募集から契約までの流れ ………………………………………… 56

SECTION4　求人募集 … 58
- 求人募集のルール ………………………………………………… 58
- 求人募集の手段について ………………………………………… 60

SECTION5　書類選考と筆記試験 … 62
- 書類選考のチェックポイント …………………………………… 62
- 筆記試験のポイント ……………………………………………… 64

SECTION6　採用面接 … 66
- 面接のチェックポイント ………………………………………… 66
- 面接の流れを把握する …………………………………………… 68
- 面接で聞いておきたい質問 ……………………………………… 70
- 面接で聞いてはいけない質問 …………………………………… 72

SECTION7　採用内定と労働契約 … 74
- 採用内定と内定通知書の作成 …………………………………… 74
- 雇用にあたっての準備 …………………………………………… 76
- 労働条件通知書の作成 …………………………………………… 78
- 社会保険・労働保険の手続き　①加入基準 …………………… 82
- 社会保険・労働保険の手続き　②手続きの流れ ……………… 84
- 健康診断について ………………………………………………… 86

CHAPTER 3 労使トラブルに負けないために！　89

SECTION 1　勤務時間、休日、休暇をめぐるトラブル対策　90
- 社員から残業代の支払いを請求されたら　①残業の定義など　90
- 社員から残業代の支払いを請求されたら　②残業代の計算など　92
- 管理職には残業代を支払わなくてもいい？　94
- 突然、有給休暇を取りたいと言ってきたら　①扱い方など　96
- 突然、有給休暇を取りたいと言ってきたら　②例外など　98

SECTION 2　服装、髪形、勤務態度をめぐるトラブル対策　100
- 社員がジーンズにサンダルで会社に出社してきたら　100
- 社員が上司の指示に従わなかったら　102
- 欠勤や遅刻が多い社員へはどう対応する？　104

SECTION 3　給料の減額、賞与、手当の支払いをめぐるトラブル対策　106
- 社員の給料を下げたい場合　106
- 家族手当や住宅手当を支給する範囲　108
- 業績が悪い場合の賞与の支払い　110

SECTION 4　退職、解雇をめぐるトラブル対策　112
- 能力不足の社員を退職させるには　①退職の種類など　112
- 能力不足の社員を退職させるには　②解雇について　114
- 業績悪化により社員を解雇する場合　116
- 社員の横領が発覚したら　118

CHAPTER 4 職場のルールと就業規則　121

SECTION 1　就業規則とは　122
- 就業規則を定める意義を理解する　122

- 就業規則の作成と届出までの流れ ……… 124
- 労使協定の効力について知っておこう ……… 126

SECTION2　就業規則の記載内容 ……… 128
- 試用期間を設ける意味と人事異動の効力 ……… 128
- 労働時間の原則と始業・終業時刻を決める意味 ……… 130
- 労働時間の例外制度とその適用 ……… 132
- 休憩と休日の原則と与え方 ……… 134
- 振替休日と代休の違いと休暇の与え方 ……… 136
- 休職制度を正しく利用させる ……… 138
- 休職の手続きと復職までの流れ ……… 140
- 服務規律を定める目的と懲戒処分の種類 ……… 142
- 賃金の定義と支払いの5原則 ……… 144
- 労働の対価として支払われる賃金の構成要素 ……… 146
- 退職の定めと定年退職者の雇用確保 ……… 148
- 解雇事由となる具体的な行為とは ……… 150

SECTION3　就業規則の運用方法 ……… 152
- 就業規則説明会を開催して意見を聞く ……… 152

CHAPTER5　人材育成と職場のコミュニケーション　155

SECTION1　社員の育成 ……… 156
- いまどきの社員の考え方を理解する ……… 156
- 社員のモチベーションが低い理由を考える ……… 158
- プレイングマネージャーから脱却する ……… 160

SECTION2　経営者のコミュニケーションスキル ……… 162
- 経営者と社員のギャップを埋める ……… 162
- 社員とのコミュニケーションは個別に対応する ……… 164
- 基本のコミュニケーションスキル　①聞く ……… 166

- 基本のコミュニケーションスキル　②質問する ……… 168
- 基本のコミュニケーションスキル　③承認する ……… 170
- 指示命令型マネジメントとコーチ型マネジメント ……… 172
- 社員を褒めるポイント ……… 174
- 問題行動を指摘し、改善を促すように叱る ……… 176

SECTION3　やりがいの与え方 ……… 178
- 会社の未来について考え、ビジョンを明確にする ……… 178
- 会社のビジョンを社員と共有する ……… 180
- 目標設定とアクションプランの作成方法 ……… 182
- 社員との定期面談を実施する ……… 184
- 配置転換は長期的視点に立って行う ……… 186
- 配置転換の実施とその他の人事異動 ……… 188

CHAPTER 6　社会保険・労働保険の手続きと書式例　191

SECTION1　社会保険・労働保険の手続きについて ……… 192
- 社会保険・労働保険の手続き ……… 192
- 会社として社会保険・労働保険に加入する手続き ……… 194

SECTION2　社員入社時の手続きについて ……… 200
- 社員が入社したときの手続き ……… 200
- 社員の家族も保険に加入させる手続き ……… 204

SECTION3　定期の手続きについて ……… 208
- 会社が定期的に行う手続き　①社会保険 ……… 208
- 会社が定期的に行う手続き　②労働保険 ……… 214

SECTION4　社員退職時の手続きについて ……… 218
- 社員が退職したときの手続き ……… 218

《参考文献》『コーチング・マネージメント』伊藤守著（ディスカヴァー・トゥエンティワン）／『リスク回避型就業規則・諸規程作成マニュアル（4訂版）森紀男・岩崎仁弥共著（日本法令）／『人ひとり雇うときに読む本』吉川直子著（中経出版）／『社会保険労働保険　はじめての届出＆かんたん手続き』吉川直子著（技術評論社）／『顧問先の疑問に答える　税理士が知っておきたい人事労務の基礎知識』吉川直子著 辻・本郷税理士法人監修（清文社）

CHAPTER 1
なぜ人を雇うのか？

SECTION1	採用の目的
SECTION2	人件費の考え方
SECTION3	労務管理の心構え

CHAPTER 1　SECTION | 1　採用の目的

まずは社員を採用する目的について考えてみよう

社長Bさん: 社員を雇おうか、どうしようか、迷っています。社員は会社にとってどんな存在と考えたらよいでしょうか？

先生: 会社の業務を拡大していくビジョンをもっているのであれば、経営者1人では実現できません。社員はまさに自社のビジョンを共有してくれる人です。社員を雇うときは、目先の実務だけにとらわれず、会社のビジョンを実現してくれる仲間と考えましょう。

》なぜ、人材採用をするのか？

　会社はなぜ人材を採用するのでしょうか。**本来会社は「継続して利益を出し、社会貢献をする」ために存在**しています。

　ところが、多くの会社では「人手不足で仕事が回らなくなってきた」「社員が退職した」など目先の理由や行きあたりばったりで人材を採用しています。実はこれが問題であり、このような採用が、後述する「労使トラブル」を引き起こしているといっても過言ではないのです（「労使トラブル」については「CHAPTER 3」90ページ以降を参照）。

　安易な採用で、本来の目的を達するどころか社員に足を引っ張られてしまった……ということも日常的に起きていることです。このような事態を防ぐためにも、**「なぜ採用するのか」という本来の目的を忘れずに、人材を採用する**ことを心がけましょう。

とりあえず、忙しいから社員を1人雇おうかな……

1人3役
経理
営業
実務

行きあたりばったりで社員を雇っても、会社の発展にはつながらない。かえって労使トラブルなどを招くもとになることもある。

≫ 社員は経営者の「ビジョンを共有してくれる人」

会社のビジョンや目標が「業務を拡大し利益をより出す」なら、経営者１人で達成するのは難しいでしょう。間違いなく社員の協力が必要不可欠であり、まさに社員は自社のビジョンを共有してくれる人なのです。ところが、意外にも会社のビジョンを明確に即答できない経営者も多いのが現実です。自社のビジョンや目標を達成するために社員を雇ったにもかかわらず、共有するビジョン自体がはっきりしない…これでは本末転倒です。

目先の実務ももちろん大事ですが、**社員にモチベーション高く働いてもらうためにも、会社の方向性、ビジョン、目標を明確にしておかなければなりません。** ビジョンや目標は１人よりもチームで、仲間と一緒に達成したときのほうがその喜びは何倍にもなります。ぜひ社員と一緒に会社のビジョンを実現しましょう。

> **補足 会社のビジョン**
> 会社のビジョンとは「会社の社会的存在意義」「会社を創業した理由」「最終的に会社が目指している状態」などのこと。5年〜10年後、どのような会社像を目指しているのかを自分自身で明確にしたうえで、具体的に経営計画を構築していきたいものです。

> **注意 ビジョンの設定方法**
> ビジョンの設定方法については178ページ、社員とビジョンを共有する方法については180ページを参照。

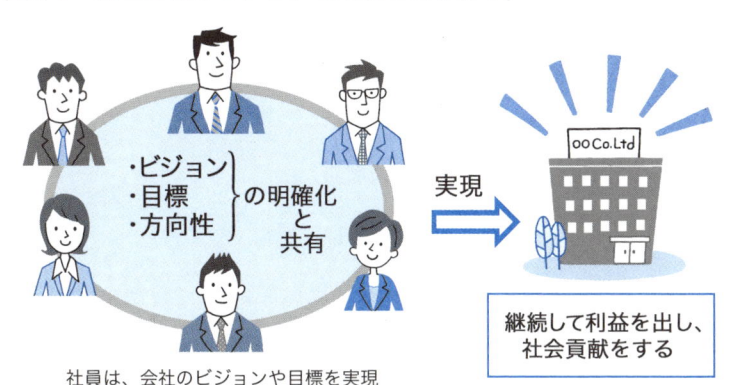

・ビジョン
・目標
・方向性
の明確化と共有

実現 → 継続して利益を出し、社会貢献をする

社員は、会社のビジョンや目標を実現するための協力者と考えよう。

先生の大事なアドバイス

☑ 自分1人で対応できる範囲で仕事をしていく場合や、家族経営を前提に考える場合など「人を雇わない」という選択肢もあります。今後の自社のビジョンを明確にしたうえで、人材雇用について決定することが大事です。

CHAPTER 1　SECTION | 1　採用の目的

社員を雇うことの
メリット・デメリット

社長Cさん: 社員を雇用すれば、人手が増えて仕事もはかどるでしょうが、一方で仕事を教えたり経費がかかったりしますよね。

先生: もちろん、社員を雇用することはプラス面ばかりではありません。一定のリスクと負担も発生します。あらかじめ社員を雇用するメリットとデメリットを押さえたうえで人材を雇用する責任と覚悟をもちましょう。

≫ 人材を雇用するメリットとは

　人材を雇用するメリットは、どんなところにあるのでしょうか。あらかじめそのメリットを押さえておきましょう。

メリット1　経営者としての仕事に集中できる

　中小企業の経営者は現場で実務を行ったり、営業を担当したり、総務的な仕事をしたりと1人で何役もこなしているケースも少なくありません。しかし経営者が目先の実務に追われていると、中長期的なビジョンや目標を考えることが疎かになってしまいます。

　人材を雇用すると、経営者の「経営以外の仕事」が減って「経営の仕事」に集中する環境が整うことになります。会社を継続して成長させていくためには、**中長期的な視点から経営について考える時間の確保は必要不可欠**です。

人材を確保すれば……

経営者としての仕事に専念できる

メリット2 弱みをカバーして強みを伸ばすことができる

人を雇用していないと、得意なことも不得意なこともすべて自分でやらなければなりません。しかし不得意なことには時間がかかり、ミスが起きる可能性もあるなど非効率的なことは否めません。

自分が苦手な部分をカバーしてくれる人材を雇用することで、このようなストレスから解放されます。**自分の得意なことに時間をかけることができるようになる**ため、得意能力をさらに伸ばすことが可能です。

≫ 人材を雇用するデメリットとは

安易な考えで人を雇用した後で「こんなはずではなかった」と後悔しないためにも、人材雇用のデメリットについても押さえておきましょう。

デメリット1 一定のルールを守る必要がある

人を雇えば、**労働基準法をはじめとしたルール**を守らなければなりません。自分1人で仕事ができる環境であれば、ルールに縛られることなく自由に働くことができます。

デメリット2 義務と責任が増える

人を雇うと社員の生活の糧である**給料の支払いが発生**します。経営者は社員の生活に対して責任を負うことになります。また、社員の雇用を継続していくためにも、中長期的な経営計画や営業戦略なども必要になります。

デメリット3 人材育成に時間がとられる

仕事を円滑に進めるためには、一定の教育や **OJT** は必要不可欠です。**根気よく指導していく姿勢**がなければ人材は育ちません。採用当初は教える時間と仕事を進める時間とで2倍以上の時間がかかることもあるでしょう。

> **用語 OJT**
> "On the Job Training" の略称。オージェイティーと読みます。実務経験を積むことで、仕事に必要な知識や技術を身につける方法です。

先生の大事なアドバイス

☑ なんでも自分でやりたがる経営者がいますが、それは誤りです。役割分担を明確にして、組織としての成功を目指しましょう。

CHAPTER 1 なぜ人を雇うのか？

CHAPTER 1　SECTION | 2　人件費の考え方

人を雇うと給料以外にも費用が発生する

社長Bさん：人を雇うと、社会保険料や労働保険料を会社が負担するんですよね。いったいどれくらいの費用がかかるのでしょうか？

先生：例えば月給20万円の社員を1人雇用したら、年間でかかる費用は20万円×12か月＝240万円とはなりません。労働保険料は年間約3.5万円、社会保険料は年間約40万円の会社負担がかかります。

≫ 人を雇用すると発生する費用について

人を雇えば、社員が働いた「労働の対価」として支払う給料をはじめ、それに付随して様々な費用が発生します。例えば「通勤手当」「家族手当」「住宅手当」などの各種手当を支給するケースもあります。また、「賞与」や「退職金」について支払う旨を取り決めている場合は支払う義務が発生します。社会保険や労働保険は加入要件を満たした場合は加入し、一定の保険料を会社が負担しなければなりません。

[雇用にあたっては様々な費用が発生する]

広告費　＋　各種保険料　＋　備品

＋

採用に関わる時間も取られる!!

月給20万円の正社員を1人雇用した場合、年間かかる費用は単純に20万円×12か月＝240万円とはなりません。経営者は、これらの**給料以外の費用も含めた人件費の総額を想定しておく**必要があります。

≫ 人を雇用した場合の年間費用はどれくらい？

月給 20 万円の社員を 1 人雇用したら、会社は年間でどれくらいの費用負担をしなければならないのでしょうか。次の表はその一例です。なお、雇用した人材が 40 歳以上 65 歳未満の場合は別途介護保険料の負担も必要です。

［社員を雇用することで発生する費用の例（1 年間）］

給料	20万円×12か月＝ 240万円	
通勤費	1万円×12か月＝ 12万円	
賞与	20万円×2か月＝ 40万円	
労働保険	労災保険料	$(240万円＋12万円＋40万円) \times \frac{3.5}{1000} = 10,220円$
	一般拠出金	$(240万円＋12万円＋40万円) \times \frac{0.05}{1000} = 146円$
	雇用保険料	$(240万円＋12万円＋40万円) \times \frac{8.5}{1000} = 24,820円$
社会保険	健康保険料	$(10,967円 \times 12か月)＋(40万円 \times 9.97\% \times \frac{1}{2}) = 151,544円$
	厚生年金保険料	$(18,442円 \times 12か月)＋(40万円 \times 16.766\% \times \frac{1}{2}) = 254,836円$
	児童手当拠出金	$(22万円 \times 0.15\% \times 12か月)＋(40万円 \times 0.15\%) = 4,560円$
合計	336万6,126円	

※ 健康保険料・厚生年金保険料 は、標準報酬月額220千円で計算
　（健康保険料の9.97％は協会けんぽ東京支部の保険料率で計算）
※ 各種保険料は平成25年1月1日時点で計算
※ 労災保険料の料率は「卸売業・小売業、飲食店または宿泊業」で計算
※ 雇用保険料、健康保険料、厚生年金保険料は社員負担分を除いて計算
※ 児童手当拠出金は社員の厚生年金保険の標準報酬月額および標準賞与額に拠出金率0.15％を乗じて計算

先生の 大事な アドバイス

☑「社員が会社に貢献するためには給料の3倍を稼がないといけない」とよく言われますが、給料以外の社会保険料や目に見えない費用、職場環境の整備や研究開発費などを入れると会社の負担は思った以上にあるものです。

CHAPTER 1　SECTION | 2　人件費の考え方

人件費は経費でなく、投資として考えよう

社長Cさん： 人材を雇用すると、経費もかかりますよね。この経費、できるだけ抑えたいと思っているのですが…。

先生： 人材を雇用することで経費はかかりますが、人件費を経費と捉えるか投資と捉えるかは経営者次第です。会社の成長は社員次第といっても過言ではありません。その社員を雇用する費用は経費ではなく投資と捉えましょう。

》人件費の捉え方とは

前述したように、人材を雇用すると様々な経費がかかります。しかし経費と考えると「負担」と捉えてしまい、結果として社員を育てる＝会社を発展させる、という意識になりません。

そこで重要なことが、**人件費を「経費」ではなく「投資」と捉える姿勢**です。なぜなら会社の成長は、社員次第だといっても過言ではないからです。かかる人件費は同じだとしても、一人ひとりの社員の働きによってはこれまで以上に売上げを伸ばすことも不可能ではないのです。

必要以上に社員へ給料を支払わなければいけない、というわけではありませんが、人件費を「投資」と考えているのか「経費」と考えているのか、たとえ同じ金額の給料を支払っていたとしても経営者の意識は社員に率直に伝わるものです。

[「経費」を「投資」とさせるためには]

会社・経営者 ⇄ 社員（安心感）
- 社員の呼応が会社の発展に結びつく
- あくまでパートナーと考える

≫投資と捉え、実践するために必要なこと

人件費を「投資」と捉え、それを実践するためには、どのような意識が必要でしょうか。

大事なことは、社員の存在を大事にし、**社員を自社のビジョンや目標を達成するパートナーと認める**のです。これは、必ずしも労働条件がいい、福利厚生が充実しているということではありません。

「社員を大事にする」基準は様々ですが、最低限必要なのは**「経営者として守るべき法律（ルール）を守る」**ことです。逆にいうと、法律を守れない経営者は社員を大事にしていないということになるでしょう。ルールを徹底していなければ、社員は「自分たちは大事にされていない」「自分たちは使い捨てなのだ」という印象をもってしまい、モチベーション低下の原因になってしまう可能性があります。

経営者としてのあなたのビジョンを共有してくれる人が社員であるならば、その社員に対して支払う給料は、未来の会社の成長に対する「投資」になるのではないでしょうか。

> **守るべきルールとは？**
> 日報を定期的に提出させる、稟議の上げ方に一定の流れを作る、アルバイトに対する社会保険を整備する、有給休暇の説明など「やらなくてはいけないけど、バレなければいいか」と業界の慣習に従ってやりすごさないことが大切です。

忙しい中でも、有給休暇はきちんと取ってね

会社（経営者）と社員との信頼は一定のルールに則ることで生まれる。

先生の大事なアドバイス

- ☑ 人材を「経費」と捉えていると、ふだんの社員への態度にも表れます。社員を生かすかどうかは経営者次第です。
- ☑ 知り合いや元同僚を雇用する場合、法律を守らなくても大丈夫だと認識している人もいますが、一度信頼関係が崩れると深刻なトラブルに発展する可能性がありますので、逆に、より一層の注意が必要です。

CHAPTER 1　SECTION｜3 労務管理の心構え

雇用に対し、経営者に求められる責任と義務

社長Aさん: 労使トラブルを避けるためには、経営者としてどんな責任や義務を果たす必要がありますか？

先生: 人材を雇用するにあたって守る必要がある労働基準法などを確認します。法律を守らないことで、社員とトラブルとなり、結果として未払い残業代や慰謝料、損害賠償、和解金などを支払うリスクが発生します。

≫ 経営者に求められる責任

　社員を雇うことで、**経営者は労働基準法をはじめとした各種法律を守らなければならない立場になります**。これらの法律を守れないと契約が無効になったり、罰金刑や懲役刑に科されたりすることもあります。

　また、社員との間で、「解雇」「配置転換」「労働条件の不利益変更」などの理由による個別労働紛争（いわゆる「労使トラブル」）が起きた場合、会社が法律に沿った対応を行っていなければ当然その責任を追及されます。

> **用語　労働条件の不利益変更**
> 給料や労働時間などの労働条件を合理的な理由なく、社員に不利に変更すること。

≫ 労使トラブル発生のリスク

　年々、労使トラブルの件数が増えてきていますが、いざトラブルになって「法律を知らなかった」と主張してもその責任を逃れることはできません。

　労使トラブルになると、未払い

> **補足　「労使トラブル」が増加した原因は？**
> ①インターネットで雇用に関する知識や情報を簡単に手に入れられるようになったこと、
> ②「終身雇用制度の崩壊」により、正社員以外の働き方が増えてきているという時代背景、
> ③社員の意識が「自分で自分を守らなければならない」と変化していること、などが挙げられます。

残業代や慰謝料、損害賠償金、和解金などを支払うリスクが発生します。トラブルになってから慌てないよう、日頃から法律を守ることを心がけなければなりません。

なお、万が一トラブルが発生し、当事者での円満な解決ができない場合は、**都道府県労働局において解決援助サービスが無料で提供されています**。

> **解決援助サービスの具体例**
> 総合労働相談コーナーで労働問題に関する相談、情報の提供を行い、紛争に発展することを未然に防止するため、労働者・会社双方からの相談に専門の相談員が面談もしくは電話で対応するなどしています。

[総合労働相談件数及び民事上の個別労働紛争件数の推移]

年度	総合労働相談件数	民事上の個別労働紛争相談件数
14年度	625,572	103,194
15年度	734,257	140,822
16年度	823,864	160,166
17年度	907,869	176,429
18年度	946,012	187,387
19年度	997,237	197,904
20年度	1,075,021	236,993
21年度	1,141,006	247,302
22年度	1,130,234	246,907
23年度	1,109,454	256,343

出典:平成23年度個別労働紛争解決制度実施状況(厚生労働省調べ)

先生の大事なアドバイス

- ☑ 平成23年度の個別労働紛争解決制度実施状況のうち、紛争内容の特徴として「解雇」に関する相談が減少している一方で、パワーハラスメントを含む「いじめ・嫌がらせ」が増加するなど多様化の傾向があります。
- ☑ 退職した社員が外部の労働組合に加入し、その労働組合を介して元の会社とのトラブルなどについて交渉をするケースも増えていますので、経営者側は慎重な対応が必要です。

CHAPTER 1　SECTION｜3　労務管理の心構え

社員が守られている法律とは？
①労働基準法

> 社長Aさん：労働基準法ではどんなことが定められているのでしょうか？現代の勤労状況にマッチしているのでしょうか？

> 先生：労働基準法では、経営者が社員と労働契約を締結する際に守らなければならない給料や労働時間、休憩、休日、休暇などの労働条件の基準や、災害補償や就業規則などについて決められています。

≫ 労働基準法とは

　労働基準法とは、雇われる側である社員が生活のために過酷な労働条件で働かされないよう、**最低限の基準を設けて社員を保護する目的で作られた法律**です。

　そもそも労働基準法は第2次世界大戦直後に作られました。その後、雇用環境の変化に対応できるように改正が繰り返し行われ、また、労働契約法などの労働基準法以外の法律が新しく制定されてきているのです（22ページ参照）。

- 男女雇用機会均等
- 終身雇用制の崩壊
- 正社員以外の雇用形態の増加
- ワーク・ライフ・バランスの重要視

昭和22年制定 → 平成22年改正法施行

部分的な改正まで含めると、ほぼ毎年改正されている

労働基準法は、働き方の多様化に合わせて改正が繰り返されてきた。

労働基準法の内容

労働基準法では、以下のような、人を雇う際に重要な「労働条件」「労働環境」に関して**経営者が守らなければならないルール**を定めています。

- 労働契約
- 賃金
- 労働時間、休憩、休日および年次有給休暇
- 安全および衛生
- 年少者
- 妊産婦
- 技能者の養成
- 雑則、罰則等
- 就業規則
- 寄宿舎
- 監督機関
- 災害補償

最近の法改正の動向

平成22年4月1日から労働基準法が一部改正され、大企業については、限度時間（1か月60時間）を超える**時間外労働の割増賃金率が50％以上へと引き上げられました**（ただし、中小企業＊は施行が猶予されているため、割増賃金率の変更はなし）。

また、**有給休暇を時間単位で取得することが可能**となりました。

この法改正は、長時間労働が多い日本人の働き方が、世界標準となるワーク・ライフ・バランス（仕事と私生活の調和）のとれたものになることを目的として行われています。現在、長時間労働に頼った経営を行っている場合は、会社全体で長時間労働を減らしていく取り組みが必要となります。

> **補足 時間外労働の割増賃金率**
> 当面はこの規定が猶予されている「中小企業」（小売業で50人以下の規模など）も近い将来、対象となる可能性が高いです。今後「義務化」されたときにあわてないよう、いまから準備をしておく必要があるでしょう。

> **注意 有給休暇の取り決め**
> 有給休暇の時間単位の取得は、自動で可能になるわけではなく、会社と社員で有給を時間単位で取得するための労使協定を結んだ場合に限ります。

先生の大事なアドバイス

☑ 社員の労働条件について、労働基準法で決められている基準を下回る契約をした場合は、たとえ社員が同意していたとしても、その部分について無効となります。したがって社員と労働契約を結ぶ際は、労働基準法で定める基準を上回るようにしなければなりません。

＊ 中小企業の定義は労働基準法第138条に明記されています。

CHAPTER 1　SECTION│3 労務管理の心構え

社員が守られている法律とは？
②パートタイム労働法、育児・介護休業法など

社長Aさん: 経営者として、労働基準法以外にも知っておいたほうがよい法律を教えてください。

先生: パートタイム労働法や労働者派遣法などの正社員以外の雇用形態に関する法律や、男女雇用機会均等法、育児・介護休業法、高年齢者雇用安定法などの雇用環境の変化に対応するための法律があります。労働基準法と同様、経営者にはこれらの法律を守る義務があります。

>> 知っておきたい主な法律の概要

雇用環境の変化により、労働基準法以外の法律の制定も増えてきています。具体的に知っておくべき法律の種類とその概要を押さえておきましょう。

法律の種類	概　要
労働契約法	労働基準法では解決できない労使トラブルについて、過去の裁判例の積み重ね（判例法理という）を法律として整理し、労使トラブルを未然に防止するために定められた法律。
労働安全衛生法	労働者の安全と健康を確保し、労働災害（労災）を防ぐこと、また快適な職場環境作りの促進を定めた法律。 労働者に対する「健康診断の実施」や、労災を防ぐために会社が対応しなければならない安全衛生管理体制について細かく定めている。
パートタイム労働法 （短時間労働者の雇用管理の改善等に関する法律）	パートタイム社員が不当な扱いを受けないよう、パートタイム社員（短時間労働者）の適正な労働条件の確保、教育訓練の実施、福利厚生の充実を図るよう定めた法律。

労働者派遣法 （労働者派遣事業の適正な運営の確保及び派遣労働者の保護等に関する法律）	派遣労働者が不当な扱いを受けないよう、労働者派遣が禁止されている業種の取り決めや、派遣期間、紹介予定派遣などについて定めた法律。
育児・介護休業法	子育てや家族の介護をする社員が、育児や介護をするために仕事が続けられなくなって退職することを防いだり、やむをえず退職した場合の再就職の促進について定めた法律。
男女雇用機会均等法	労働者に対する性別を理由とする差別の禁止や間接差別、セクシュアルハラスメントに対する措置義務などを定めた法律。
高年齢者雇用安定法	本格的高齢化社会の到来と、厳しい高年齢者の雇用失業情勢により、高年齢者の働く機会の確保、雇用の促進、安定した雇用の確保を達成するために定められた法律。
最低賃金法	経営者（使用者）側の都合だけで給料（賃金）が決定されてしまうことを防止するために、給料（賃金）に関する最低基準などを定めた法律。この最低賃金は、「職業の種類」または「地域」に応じて賃金の最低額を保障している。
職業安定法	社員が不当な労働条件下で働かされないように、職業紹介機関と社員の募集方法などについて規制をしている法律。

> **先生の大事なアドバイス**
> ☑ 育児休業や介護休業は、社員が休業を申し出た場合は原則として休業を拒むことができません。なお、育児休業は男性も取得可能です（詳しくは137ページ）。
> ☑ 少子高齢化や正社員以外の不安定な雇用形態が多い現代社会を背景とし、平成24年10月1日より労働者派遣法が改正され、日雇派遣（ひやといはけん）が原則禁止となりました。平成25年4月1日からは高年齢者雇用安定法や労働契約法の改正なども実施されます。今後の法改正の動向についても気をつけていきましょう。

CHAPTER 1 なぜ人を雇うのか？

CHAPTER 1　SECTION | 3 労務管理の心構え

法律上の「労働者」の定義を知っておこう

社長Cさん: 正社員が労働基準法で保護されることはわかりますが、アルバイトやパートタイマーまで、効力がおよぶのですか？

先生: 労働基準法の保護の対象となる「労働者」とは、「賃金を支払われる者」と定義されているため、正社員やパートタイマーといった雇用形態で判断されません。正社員以外の雇用形態であっても労働基準法の「労働者」に該当する場合は効力がおよびます。

労働基準法上の「労働者」の定義

労働者保護のおおもとになる労働基準法では、保護の対象者を「労働者」と定義しています。この「労働者」、労働基準法では次のとおりに定めています。

> **労働基準法　第9条（定義）**
> この法律で労働者とは、職業の種類を問わず、事業又は事務所（以下「事業」という。）に使用される者で、賃金を支払われる者をいう。

つまり、「賃金を支払われる者」であれば労働者に該当するということです。現在では正社員以外の雇用形態も多種多様ですが、労働基準法では「アルバイト」「パートタイマー」「契約社員」「派遣社員」などすべての雇用形態をまとめて「労働者」と定義しています。

[みんな労働者]

- 社員
- アルバイト
- パートタイマー
- 派遣社員など

≫ アルバイト、パートタイマーを雇うときの注意点

「アルバイトやパートタイマーに労働基準法は関係ないだろう」と、間違った解釈をしないでください。前述のとおり**「賃金を支払われる者」であれば「労働者」に該当するため、アルバイトもパートタイマーも労働基準法の保護を受けます**。

その他「パートタイム労働法」など、アルバイトやパートタイマーを雇う場合に適用される独自の法律もあります。アルバイトやパートタイマーだからといって、雇用に関する会社の責任が軽くなるわけではないので注意が必要です。

> **補足 パートタイマーなどの保護**
> 例えば、パートタイマーなどの採用時には社員と同様に一定の労働条件を文書で交付しなければなりません。また、要件を満たした場合は有給休暇も付与する必要があります。

≫ 労働者に該当しない雇用形態とは

労働基準法の保護を受けられない雇用形態のひとつに、いわゆる「業務委託契約」を締結して**会社から仕事単位で請け負って働く場合**が挙げられます。このように仕事の内容や成果によって報酬が決まり、労働者のように指示命令を受けて時間を管理されない場合は「賃金を支払われる者」には該当しません。

ただし、形式的に業務委託契約を締結していても、**実態は指示命令を受け、時間管理をされる場合は労働者とみなされ**ます。

[労働者に該当しない職業の例]

仕事単位で請け負う職業

契約 ← → 発注

税理士など / システム開発など

先生の大事なアドバイス

- ☑ 労働者に該当するか否かは、契約内容ではなく実態で判断します。
- ☑ 労働者性を否定する要素として、例えば他社が関わる業務に従事する約束がないなど専属性が低い場合や、時間管理をされずに仕事単位で請け負っている前提として、報酬の内訳として固定給が少ないなど、生活保障的な要素が低い場合などが挙げられます。

CHAPTER 1　SECTION | 3　労務管理の心構え

法律上の「使用者」の定義を知っておこう

社長Aさん: 例えば部長などは、「使用者」の定義にも「労働者」の定義にも該当するのではないですか？

先生: 労働基準法上「使用者」とは「事業主のために行為をするすべての者」と定められているため、経営者に立場が近い部長などの役職者は使用者としての責任を負います。ただし、部長は賃金を支払われる労働者にも該当するので、使用者と労働者双方の立場に該当します。

≫ 労働基準法上の「使用者」の定義

労働基準法第10条では、**労働者保護の義務を負う立場のことを「使用者」**と定義しています。

労働基準法　第10条
この法律で使用者とは、事業主又は事業の経営担当者その他その事業の労働者に関する事項について、事業主のために行為をするすべての者をいう。

つまり、労働基準法上の使用者は次の3つに分類することができます。

事業主	経営担当者	事業主のために行為をするすべての者
事業の経営主体。会社（法人）では会社（法人）そのもの、個人事業では個人事業主本人。	事業経営一般について責任を負うもののことをいう。会社（法人）の代表者や取締役など。	人事、労務管理など労働条件の決定につき権限をもっている者。人事部長や労務課長など。

≫「労働者」「使用者」両方の立場に該当する場合

例えば「事業主のために行為をするすべての者」に該当する人事部長や労務課長などは、労働基準法上、使用者としての責任を負う立場にあります。しかし一方で、雇用契約を締結して賃金を支払われている労働者でもあるため、「使用者」「労働者」の双方の立場に該当するということになります。

[「労働者」「使用者」の該当区分表]

	使用者	労働者
代表取締役、個人事業主	●	―
取締役、監査役 (※1)	●	―
所長、部長、課長 (※2)	●	●
正社員、契約社員、派遣社員、アルバイト、パートタイマーなど	―	●

※1 取締役については、労働者性が強い取締役の場合は「兼務役員」として、一部労働者として判断されることがある。
※2 所長、部長、課長など、名称ではなく実態から見て労働者性が強い場合は労働者として判断されることがある。

労働基準法上の管理監督者に該当する場合

労働者と使用者双方の立場に該当する具体的ケースに、労働基準法第41条に定める「管理監督者」が挙げられます。労働者の場合、労働基準法上の規定により、残業や休日労働をした際は各種手当が支給されます。しかし、管理監督者の場合は、これらの適用を除外すると定められているため、使用者と同様に扱われます。よく、「管理職になると残業代がつかなくなる」と言われる根拠が、この「管理監督者」の規定によるものです。

ただし、管理監督者として認められる管理職とは経営者に近い立場の部長や工場長などの上位の管理職が該当するとされているので、「管理職＝労働基準法上の管理監督者」となるわけではありません。管理監督者として取り扱う場合は慎重な判断が必要です（95ページ参照）。

先生の大事なアドバイス

- ☑ ふだんの会話で使用する「社長」「部長」「正社員」「パートタイマー」などの呼称は、必ずしも法律上の呼称と一致しません。法律上の「労働者」「使用者」が誰を指しているのかをあてはめて考える必要があります。
- ☑ 「使用者」に該当する「代表取締役」「取締役」「監査役」「個人事業主」は、「労働者」ではないため、当然、労働基準法その他の法律の適用の対象外となります。したがって、残業代の支給や有給休暇の付与は義務づけられていません。

CHAPTER 1　SECTION | 3 労務管理の心構え

社会保険と労働保険について　①種類としくみ

社長Bさん: 起業時に社会保険には加入しましたが、人を雇うとなると労働保険への加入が必要ですよね？

先生: たとえ1日だけのアルバイトであっても、人を雇用した場合は労働保険への加入義務があります。社会保険や労働保険はそれぞれ加入要件や手続き窓口が異なりますので、あらかじめ確認しておきましょう。

≫ 社会保険と労働保険の種類

　社会保険とは大きく分けて「**①健康保険**」「**②介護保険**」「**③厚生年金保険**」「**④労災保険**」「**⑤雇用保険**」をいい、このうち①～③は狭義な意味での**社会保険**に、④～⑤は**労働保険**に分類されます。

　民間の生命保険や損害保険への加入は任意ですが、社会保険や労働保険は、会社も社員も**加入要件を満たした場合は強制的に加入が必要**です。これに伴い、会社側はそれに対する手続きなどの事務処理を代行する義務があります。

> **注意　強制的加入**
> 加入要件を満たしているにもかかわらず、「保険料が高い」「特に保障は必要ない」といった個別の理由により加入手続きを行わないのは法律違反となります。

≫ 社会保険のしくみ

　社会保険に加入していれば、事故や病気の場合に保険の種類に応じた給付が受けられます。民間保険では保険料は加入者本人が全額負担しなければなりませんが、社会保険は、それぞれ決められた保険料を会社でも負担します。

治療費を一部支給

≫社会保険の窓口について

　社会保険の種類によってそれぞれ手続きの窓口が分かれています。手続きを行う場合は、会社の所在地を管轄する役所をホームページなどで事前に確認をしておきましょう。

[社会保険・労働保険の種類一覧表]

保険		内容	保険料	提出先
社会保険	健康保険	仕事上または通勤途上以外のケガや病気、出産、死亡といった生活上の事故が起きたときに治療費の一部を社員の代わりに支払ってくれる保険。	会社と社員とで折半	年金事務所、協会けんぽ都道府県支部、または健康保険組合
	介護保険	介護が必要となった被保険者が本人の能力に応じて自立した日常生活を送ることができるように社会保険でカバーしようという目的で作られた保険。	会社と社員とで折半	年金事務所、協会けんぽ都道府県支部、または健康保険組合 ※保険料徴収のみ
	厚生年金保険	社員が高齢になったり、病気やケガにより障害を負ったり、死亡したときに社員本人やその家族の生活を保障するために金銭を支給する保険。	会社と社員とで折半	年金事務所
労働保険	労災保険	社員の仕事上や通勤途上でのケガや病気に対して、治療費の支払いや生活補償を行う保険。社員の死亡に対しては、遺族に補償金が給付される。	全額会社負担	労働基準監督署
	雇用保険	雇用保険に加入している社員が失業したときや、育児や介護、高齢で継続した勤務が難しくなったときに一定の給付金を支給する保険。	会社と社員とで負担（約6：4）	ハローワーク（公共職業安定所）

先生の大事なアドバイス

☑ 社会保険と労働保険では、会社が加入しなければならない要件が異なります。どのような会社が加入しなければならないのか、詳細は30ページを参照にしてください。

☑ 各種保険の手続きは、一部を除き郵送でも提出が可能です。また、電子申請も推奨されています。

CHAPTER 1　なぜ人を雇うのか？

CHAPTER 1　SECTION | 3 労務管理の心構え

社会保険と労働保険について　②加入する会社

社長Cさん: どんな会社でも社会保険と労働保険に入るべきですか？

先生: 法人は原則として社会保険に加入が義務づけられています。また、業種によって例外もありますが、個人事業でも常時5人以上の社員を使用している場合は加入します。労働保険は労働者を1人でも雇用したら加入しなければなりませんよ。

≫ 社会保険に加入すべき事業所とは

　社会保険への加入が法律で義務づけられている事業所のことを**「強制適用事業所」**といいます。具体的には、「5人以上の社員を使用する事業所（ただし、第一次産業、サービス業、法務業、宗教業は対象外）」「法人で社員（社長、役員含む）を1人以上使用する事業所」が該当します。「強制適用事業所」にならない事業所を**「任意適用事業所」**といいます。

> **補足 社会保険の加入条件**
> 任意適用事業所でも、事業所で働く人の2分の1の同意を得ることで社会保険へ加入することが可能です。

[社会保険の適用事業所の区分]

区分	事業所	人数	業種
強制適用事業所	法人	1人以上	すべて
	個人	5人以上	製造業、物品販売業、土木建築業、運送業、金融保険業、広告業、教育研究調査業、電気供給業、医療保険業、通信報道業など16業種
任意適用事業所	個人	5人以上	・第一次産業（農業、林業、水産業、畜産業） ・サービス業（飲食店、旅館、接客、理容、クリーニング） ・法務業（弁護士、税理士、行政書士、社会保険労務士） ・宗教業（神社、寺院、教会）
		5人未満	すべて

社会保険は、会社の支店単位で加入します。全国に支店や工場、営業所などがある場合は支店ごとに加入が必要です。ただし、全国に支店があっても給与計算事務や勤怠管理事務は本社がまとめて行っていて、支社としての独立性が低く、本社1か所で事業が運営されている組織と各保険の運営者が判断した場合は、本社がまとめて手続きをすることで対応が可能です。

> **本社だけの場合は？**
> 会社が本社だけの場合は、本社で加入します。

≫労働保険に加入すべき事業所とは

労働保険は「労災保険」と「雇用保険」をまとめた総称です。保険給付はそれぞれの保険から別個に行われますが、保険料は事務手続き上一括して支払います。

労働保険では、**法人・個人事業とも原則として1人でも社員（アルバイト・パートタイマーを含む）を雇用する場合は加入が必要**です。ただし、個人事業で「農・畜産・養蚕業」「林業」「水産業」に該当し、社員が5人未満等一定の要件を満たした場合は強制加入には該当しません。

> **使用者も労災保険に加入できるケース**
> 労働保険は「労働者の保険」のため、社長や役員のみの会社は原則加入できません。ただし、例外として中小企業事業主等に限り労災保険に加入できる「特別加入制度」があります。

[労働保険の適用事業の区分]

区分	事業所	人数	業種
強制適用事業	法人	1人以上	すべて（ただし、国の直営事業、官公署の事業、暫定任意適用事業を除く）
	個人	1人以上	すべて（ただし、国の直営事業、官公署の事業、暫定任意適用事業を除く）
暫定任意適用事業	個人	5人未満（ただし林業を除く）	・農業（常時使用労働者5人未満） ・水産業（常時使用労働者5人未満で、総トン数5トン未満の漁船によるものまたは災害発生のおそれが少ない河川・湖沼または特定の水面において主として操業するもの） ・林業（常時労働者を使用せず、かつ、年間使用延べ労働者数が300人未満）

> **先生の大事なアドバイス**
> ☑ 労働保険の暫定任意適用事業は、事業主が申請をし、厚生労働大臣の認可があった場合に適用となります。

CHAPTER 1　SECTION | 3　労務管理の心構え

社会保険の基本を知ろう

社長Aさん: 社会保険に加入するにあたり、健康保険や介護保険、厚生年金保険のしくみや給付について教えてください。

先生: 健康保険は仕事上または通勤途上以外のケガや病気、出産、死亡などの事故が起きた際に必要な給付を受けることができます。介護保険は、要介護認定を受けた人が、介護サービスを受けられる保険です。厚生年金保険は、高齢、障害、死亡時に年金支給が受けられます。

》健康保険について

仕事上または通勤途上以外のケガ、病気、出産、死亡などの生活上の事故が起きた場合に、**治療費の一部を代わりに支払い**、また、必要なタイミングで必要な給付金を支給する保険です。一定の要件を満たしている場合は家族についても給付を受けることができます。

補足 支払いについて
「健康保険被保険者証(健康保険証)」を病院で提示することで、かかった治療費の1～3割(年齢や収入によって異なる)を負担するだけで治療を受けることが可能です。残りの7～9割は健康保険が負担します。

[健康保険の給付]

	本人への給付	家族への給付
病気、ケガをしたとき	療養の給付、入院時食事療養費、入院時生活療養費、保険外併用療養費、訪問看護療養費、療養費、高額療養費、高額介護合算療養費、移送費、傷病手当金	家族療養費、家族訪問看護療養費、高額療養費、高額介護合算療養費、家族移送費
出産したとき	出産育児一時金　出産手当金	家族出産育児一時金
死亡したとき	埋葬料(費)	家族埋葬料

》介護保険について

主に高齢者が諸事情により介護の必要な状態になった場合に、自立した生活

ができるよう、**介護サービスを提供する**ことを目的とした保険です。介護保険に加入していて、要介護の認定を受けた人に、介護保険から入浴・排泄・食事などの介護サービスを提供します。

> **介護サービスの運営**
> 各市区町村が運営しているため、介護サービスの申請や認定も市区町村が行います。

介護保険における会社の役割は、原則40歳以上65歳未満の社員の介護保険料の徴収のみとなります。介護保険は40歳になると自動的に加入することになりますので、別途加入手続きは発生しません。

厚生年金保険について

社員が高齢になったり、**病気やケガにより障害を負ったり死亡したとき**に、本人やその家族の生活を保障するために年金支給を行います。

> **勤務中か否かは関係ない**
> この場合のケガや病気は、仕事上や通勤途上、仕事外など関係なく対象となります。

国民年金に上乗せする制度で、下図のように1階が国民年金となり、上乗せ部分の厚生年金保険は2階部分に該当します。会社が「厚生年金基金」に加入している場合は、3階部分の年金給付も受けることができます(ただし、現在厚生年金基金制度を10年後に廃止する方向で検討されています)。

[年金支給の種類]

階	名称	老齢	障害	遺族
3階	厚生年金基金	老齢年金給付	障害に対する年金・一時金	死亡に対する年金・一時金
2階	厚生年金保険	老齢厚生年金	障害厚生年金	遺族厚生年金
1階	国民年金	老齢基礎年金	障害基礎年金	遺族基礎年金

※ 3階建て部分の障害・遺族の給付は、各基金の規約により定められている場合に支給される。
※ 厚生年金基金には、脱退一時金(退職一時金)という独自の給付がある。

先生の大事なアドバイス

☑ 会社が加入する健康保険には、全国健康保険協会が管理運営する「協会けんぽ」と健康保険組合が独自に管理運営する業種別などの「組合管掌健康保険」との2種類があります。提供する健康保険の給付内容は同じですが、一般的に「協会けんぽ」と比較すると、「組合管掌健康保険」のほうが保険料も安く、手厚い保障を受けられるケースが多いようです。

CHAPTER 1　SECTION | 3　労務管理の心構え

労働保険の基本を知ろう

> 人を雇おうと思います。いわゆる労働保険（労災保険＋雇用保険）の保険料の分担などについて教えてください。
> —— 社長Cさん

> 労災保険の対象者は「労働者」で、保険料は全額会社負担です。雇用保険の対象者は83ページで紹介する雇用保険の適用除外者を除いたすべての社員が対象で、保険料は会社と社員とで負担します。
> —— 先生

≫ 労災保険について

　社員の仕事上や通勤途上でのケガや病気に対して治療費や生活補償を行う保険です。**労災保険の補償の対象者は「労働者」です。**

　労働基準法では、会社は社員の仕事上のケガや病気に対して、会社の責任で補償しなければならないと定めており、会社は労災保険に加入することで、会社の補償義務を果たすことになります。

　労災保険の加入単位は「会社」単位となり、社員の個別加入の手続きは不要です。また、**労災保険料は全額会社負担となっており、社員は保険料を支払うことなく補償を受ける**ことができます。

> **補足　補償の内容**
> ケガ、病気になった社員本人が労災保険で治療を受けた場合は、一部の例外を除いて治療費を負担することなく治療を受けることができます。

≫ 雇用保険について

　雇用保険に加入している**社員が失業したときや、育児や介護、高齢により会社に継続して勤務することが難しいような状況になったとき**に、一定の給付金の支給を行う保険が雇用保険です。一般的に「失業保険」と呼ばれる給付も雇用保険の給付のひとつです。また、育児休業中や介護休業中で給料が支払われ

ない場合に一定の期間給付金が支給されます。

　雇用保険も労災保険と同様に労働者のための保険なので、例外を除いて代表取締役、役員、取締役などは加入できません（ただし、兼務役員など労働者性の強い役員の場合は加入できるケースあり）。

　また、雇用保険では失業等給付以外に雇用二事業という事業を行っており、具体的には会社が負担する保険料により、事業主へ助成金を支給する制度などが挙げられます。

［雇用保険制度の全体図］

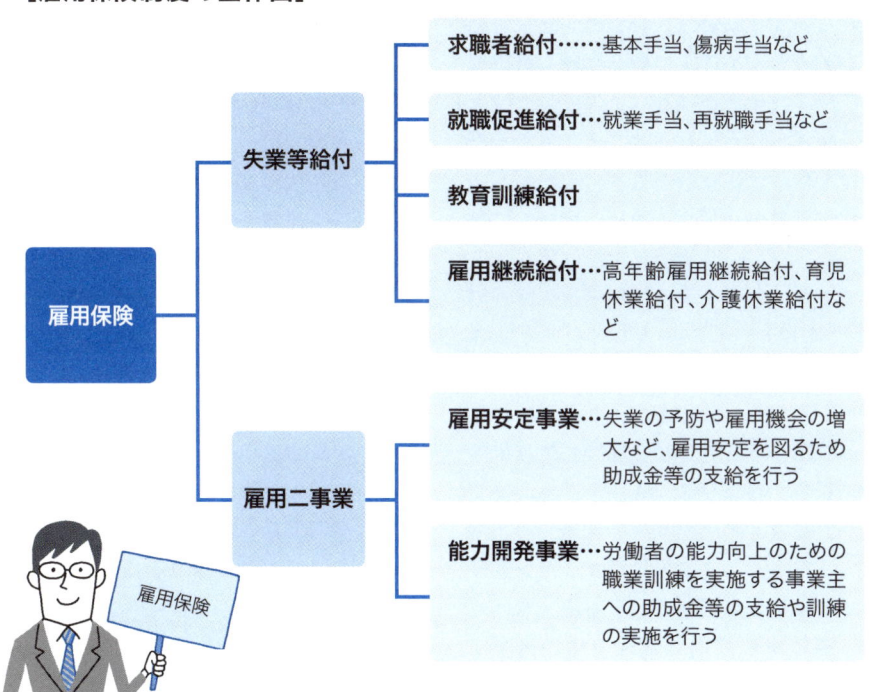

```
                    ┌─ 求職者給付……基本手当、傷病手当など
                    │
                    ├─ 就職促進給付…就業手当、再就職手当など
         ┌─失業等給付┤
         │          ├─ 教育訓練給付
         │          │
         │          └─ 雇用継続給付……高年齢雇用継続給付、育児
雇用保険 ─┤                            休業給付、介護休業給付な
         │                            ど
         │
         │          ┌─ 雇用安定事業…失業の予防や雇用機会の増
         │          │                大など、雇用安定を図るため
         └─雇用二事業┤                助成金等の支給を行う
                    │
                    └─ 能力開発事業…労働者の能力向上のための
                                      職業訓練を実施する事業主
                                      への助成金等の支給や訓練
                                      の実施を行う
```

> **先生の大事なアドバイス**
> ☑ 仕事上または通勤途上でケガや病気になった場合、健康保険証は使用できません。この場合は「労災保険」を使う旨、治療を受けた病院に伝えてください。
> ☑ 助成金とは、国からもらえる返済不要のお金のことです。採用時、会社をやむを得ず休業するとき、教育研修するときなど一定の要件を満たした場合に助成金が支給される可能性があります。

Column 1
社会保険の未加入問題について

◎ 社会保険未加入のリスクとは

　法人であれば、社員の人数にかかわらず、法律上、社会保険（健康保険・厚生年金保険）に強制的に加入する義務が生じます。ところが、社会保険は保険料が高く、会社負担の保険料も発生するため、実務的にはベンチャー企業では社会保険に加入せず、各個人で「国民健康保険」や「国民年金」に加入しているケースも多くあるようです。

　しかし、法律上加入が義務づけられている会社が社会保険に未加入の場合、当然リスクも多く発生します。例えば、年金事務所の未適用事業所に対する加入勧奨調査が入る可能性があり、意図的に何度も加入を断り続けると罰則が適用され、最悪2年間さかのぼって保険料を支払わなければならなくなる可能性があります。

　また、労働者派遣事業等一部許可申請など、社会保険に加入をしていないと申請の資格がないケースもあります。単純に「保険料が高いから加入したくない」という理由での対応は、社会的な信用はもちろん社員や取引先との信頼関係にも影響します。

◎ 建設業の社会保険未加入問題

　建設業界においては、平成23年6月23日、国土交通省建設産業戦略会議にて「建設産業の発展のための方策2011」が発表され、平成29（2017）年までに「国」「元請企業」「下請企業」が連携して社会保険未加入企業を排除する対策が取られることになりました。例えば、平成24年11月1日からは、建設業の許可更新時に社会保険加入状況を記載した書面や保険料の納付が確認できる書類について添付が求められるよう変更されています。

　これまでも、業種を問わず社会保険未加入企業への加入勧奨調査が実施されていますが、建設業界では今後この問題に対してかなり厳しく対応されることが予測されます。建設業界以外も同様に〝時間の問題〟と考えられますので、今後の動向には注意してください。

CHAPTER 2
自社に合った人材を採用する方法

SECTION1	組織図の作成と自社の採用基準
SECTION2	6つの雇用形態の特徴とメリット・デメリット
SECTION3	採用の流れとスケジュール
SECTION4	求人募集
SECTION5	書類選考と筆記試験
SECTION6	採用面接
SECTION7	採用内定と労働契約

CHAPTER 2　SECTION | 1　組織図の作成と自社の採用基準

中小企業の採用の特徴
カン・コネ・人手確保優先

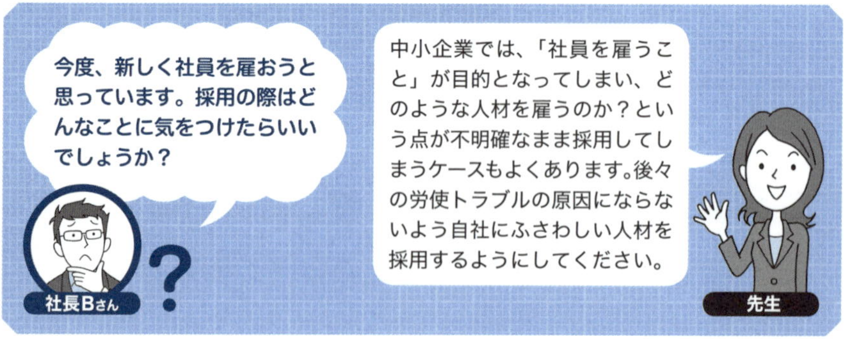

> 今度、新しく社員を雇おうと思っています。採用の際はどんなことに気をつけたらいいでしょうか？
> ― 社長Bさん

> 中小企業では、「社員を雇うこと」が目的となってしまい、どのような人材を雇うのか？という点が不明確なまま採用してしまうケースもよくあります。後々の労使トラブルの原因にならないよう自社にふさわしい人材を採用するようにしてください。
> ― 先生

≫ 中小企業の人材採用の特徴

　中小企業では、大企業とは異なり、採用活動や求人募集に時間をかけるのが難しいかもしれません。しかし、安易な採用は入社後の「労使トラブル」の原因になるケースも見受けられます。

　なぜ、中小企業では採用がうまくいかないのか？　多くの中小企業に共通する採用の特徴を挙げてみましょう。

特徴1　採用担当者のカンで採用している

　中小企業では、経営者や採用担当者の「カン」で採用・不採用を判断しているケースが多いようです。例えば「**話をして人柄がよさそうだったから**」「**なんとなく感じがよかったから**」といった理由です。

　もちろん、カンといっても採用担当者の経験や知識をもとに判断をしているので、カンで判断することがすべて悪いわけではありません。ただし、個人の頭の中にある**採用基準のチェックリスト**は、当然、人によって異なるという落とし穴があるのです。

> 注意：**共通のチェックリストを活用する**
> 個々の採用担当者のカンによって採用基準が異なるという問題を防ぐため、必要な人材のチェックリストをあらかじめ社内で作成してみましょう。

| 特徴2 | **コネや親戚・家族の縁故を採用している**

　中小企業では、親戚や家族を雇っているケースや、知り合いや親族の紹介で人材を採用しているケースが多いようです。このような採用は「**事前に情報収集ができる**」「**ゼロからではなくプラスからの信頼関係でスタートできる**」などのメリットがあるので、活用したい手段のひとつです。しかしここで問題になるのが、パソコンの基本スキルがある、実務経験があるといった自社の採用基準を無視してまでも採用してしまうリスクがあるという点です。

［コネ、縁故で採用を試みた場合の問題点］

①知っている人の紹介ということもあり、明確な基準がないと断りにくい。

②一般の採用と比較して、就業後、会社のルールにルーズになりがちになる。

| 特徴3 | **人手確保を優先している**

　また、「人材の良しあしは二の次で、まずは人手確保が優先だ」といったノリで採用をするケースがあります。しかし会社は、採用後にその社員に不満をもったとしても、簡単に退職・解雇させることはできません。**一度採用した人材に対して責任が生じる**のです。

　人手確保は大事ですが、いまの会社にとってどのような人材が必要なのかというポイントを、くれぐれも見誤らないようにしてください。

> **注意　解雇**
> 例えば、正社員をしかるべき理由なく解雇することはかなり難しいこと。また、原則として解雇の1か月前に解雇予告をすることが必要です。

先生の大事なアドバイス

☑ どんなに優秀でも、自社にふさわしい社員でなければ採用してはいけません。そのためにも自社の求める人材像を明確にしておくことが必要です。

☑ 人手のために安易な採用をするのであれば、多少無理をしてもいまいる人材でカバーするのもひとつの方法です。

CHAPTER 2　SECTION｜1　組織図の作成と自社の採用基準

組織図を作成しよう
なぜ組織図が必要か？

社長Cさん: 採用基準を明確にするために、一番よい方法はなんでしょうか？

先生: 目先の仕事や役割を優先するのではなく、まず「組織図」を作成してみてください。そこから事業・役割・仕事内容を考えたうえで、任せる仕事に合う人材はどのような採用基準にしたらいいのか？を考えるようにしましょう。

≫ なぜ組織図が必要か？

　人を採用する際は、簡単でもかまわないので、まず会社の「組織図」を作成してください。

　なぜ人を採用する際に「組織図」が必要かというと、**会社は「どのような事業の」「どの役割の」「どの仕事を」「どの社員にやってもらうか」**ということを全体的に把握したうえで人材採用を決定する必要があるからです。

> **補足　組織図**
> 組織の構造を具体的に図式化したもので、各事業部や課・係などの部門構成と職位、指揮命令系統関係が明確にわかります。

　ところが、多くの中小企業では、目先の仕事や役割を優先していて「組織図はあるが形だけ」というケースも少なくありません。目先の仕事・役割も大事ですが、会社全体として何をしなければならないかを把握していないと、会社が求める仕事と実態とのギャップが生まれてしまいます。

≫ 組織図と役割分担

　実は「会社が社員に求める仕事や役割」と「実際に社員がやっている仕事や役割」とのギャップに悩んでいる中小企業は少なくありません。このギャップは、採用の問題と大きく関係があります。

本来は、前述のように事業・役割・仕事内容などを考えたうえで**「任せる仕事に合う人材」を雇うことが原則**ですが、中小企業の場合、この流れが逆の場合が多いのです。先に人を採用して、その人に仕事や役割をあとから割り当てるスタイルです。

このような**「人ありき」**の比重が重すぎると、当然会社の求める役割や仕事の能力と、本人の能力とにギャップが生じることになるのです。

会社が必要としているスキルとギャップがないよう、事前に念入りに確認しておく。

[組織図作成の例]

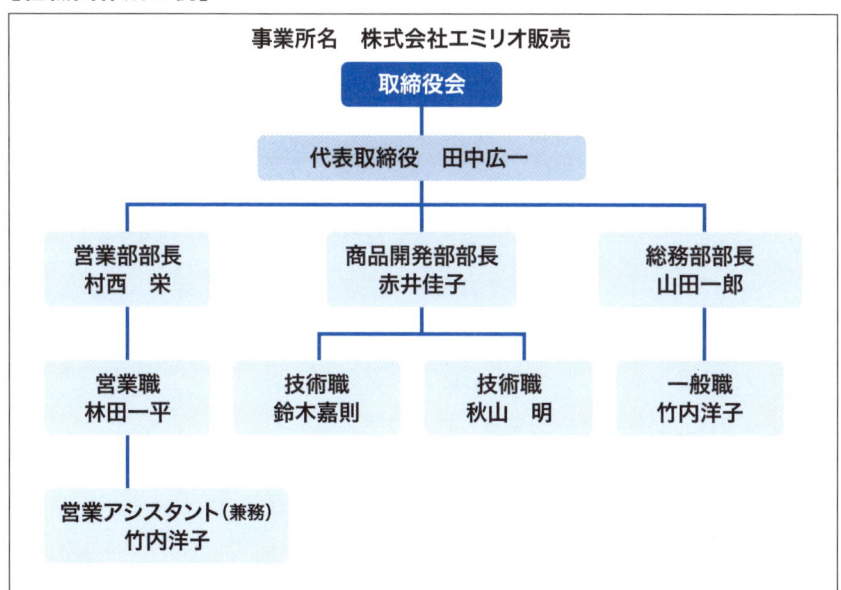

事業所名　株式会社エミリオ販売

- 取締役会
  - 代表取締役　田中広一
    - 営業部部長　村西　栄
      - 営業職　林田一平
        - 営業アシスタント（兼務）竹内洋子
    - 商品開発部部長　赤井佳子
      - 技術職　鈴木嘉則
      - 技術職　秋山　明
    - 総務部部長　山田一郎
      - 一般職　竹内洋子

先生の大事なアドバイス

- ☑ たとえ社長1人で経営している会社でも当初から組織図を作成しておくと、人を採用する際にどの役割を任せたいのかが明確になります。
- ☑ 目先にある仕事や役割から社員に渡していくと、「聞いてなかった」「自分の仕事ではない」と拒否される可能性もあります。採用する社員には、入社当初から組織図を見せることで役割分担を明確にしておきます。

CHAPTER 2　SECTION | 1　組織図の作成と自社の採用基準

採用基準を明確にする方法

社長Cさん: いざ採用基準を決めるとなると、たくさんの要素があってうまくまとまらないのですが…。

先生: どのような採用基準を作成するかは各会社の自由です。一般的には「マナー・人間性」「コミュニケーション力」「入社後の貢献」「実務能力」といったカテゴリ別に詳細の採用基準を決めていくとよいでしょう。その他、自社でどうしても譲れない基準も含めておきましょう。

≫スキルマップを作成しよう

　採用基準を作成するためには、まず、自社に必要な職種や職務遂行能力、役職ごとに担当する仕事内容をさらに掘り下げます。担当業務を職種や職務遂行能力ごとに具体的に記述し、求めるスキルをまとめた「スキルマップ」を作成しましょう。この作業を行うことで、やってほしい仕事と採用する人材との能力のギャップを減らすことが可能です。

補足　スキルマップによる採用基準の明確化
仕事内容が明確になると、実務能力やコミュニケーション能力の許容範囲などもはっきりとします。

担当業務を明確にしたうえでスキルマップを作成してみましょう

[担当業務の例] 41ページ組織図の竹内洋子氏の例

総務部一般職の担当業務
- 名刺管理
- 郵送業務
- 電話応対
- 来客応対
- 荷受け
- ファイリング
- 請求書の発行

など

営業アシスタント担当業務
- 顧客データ入力・管理
- 前日の伝票の処理
- 顧客提案資料作成補助
- 電話・メールでの顧客対応

など

≫ 採用基準を考えよう

　スキルマップで担当業務に必要なスキルが把握できたら、採用基準を考えていきます。採用基準は、実務能力以外にも次の4つのカテゴリ別に自社基準をピックアップしていくとよいでしょう。

[採用基準を決めるカテゴリ]

①マナー・人間性

社会人としての最低限のマナーは身につけていてほしいもの。もしマナーを知らないとしても、教えれば素直に受け入れて実践できる人材かどうかを見極める必要がある。また、仕事に対する姿勢や責任感、向上心があるかといった点もチェックポイント。

②コミュニケーション力

仕事をスムーズに進めるためにもコミュニケーション力は必要。具体的には「人の話を聞けるか」「話の理解力はいいか」「受け答えがずれていないか」「質問が的確か」などのポイントを確認する。

③入社後の貢献

「5カ国語が話せるのでそれを活かした営業をします！」

将来どのような仕事をしたいのか？ などのキャリア確認も含めて、応募者が入社後にどのような貢献ができるのかをチェックする。

④実務能力

- PCの実務能力
- 事務の実務能力
- 経理
- 広報

実務能力を測る場合は、担当業務を具体的にしておき、担当業務に必要なスキルを面接時に確認できるようにする。

CHAPTER 2　自社に合った人材を採用する方法

≫ 自社のモットーなどにも照らし合わせてみる

どの会社も、必ず「どうしてもこれだけは譲れない」という基準はあるはずです。**次のような質問に自問自答することで、明文化する作業を行ってみましょう**。こうしたことを踏まえて作成するのが、次ページに紹介する**採用基準評価シート**です。

- Q 「マナー・人間性」カテゴリでは、どんな自社基準があるか？
- Q どんなマナーを守ってほしいか？
- Q いままで面接時にどんなポイントをチェックしたか？
- Q いままでどんな基準で採用を決めてきたか？
- Q 応募者のどんな行動で判断するか？
- Q 過去に採用した社員で、いい人材の特徴とは？
- Q 過去に採用した社員で問題のある人材の特徴とは？

事前に確認した採用基準事項を踏まえて作成した「評価シート」に従って面接を行うと、自社に必要な人材に出会いやすい。

先生の大事なアドバイス

- ☑ スキルマップ作成の際は、担当業務について「一般事務」「営業事務」「営業職」などの名称だけでなく、必ず具体的な業務を明記しておきましょう。具体的に何をやるのか、どのような能力が求められているのかが明確になっていないと入社後にお互いギャップが出てしまいます。
- ☑ 作成した「スキルマップ」は、「採用」の際はもちろん、「研修」「評価」を行う際にも連動させて運用することができるようになります。
- ☑ 採用基準を決めるときはどのカテゴリも重要ですが、特に意識したいのが「マナー・人間性」です。できるだけ掘り下げ、見きわめるようにしてください。

[採用基準評価シートの例]

応募者氏名 _____

評価基準		5	4	3	2	1
マナー・人間性	例）来社時間は7分前〜5分前か					
	例）挨拶ができているか					
コミュニケーション力	例）好感のもてるうなずきやあいづちか					
	例）理解能力があるか					
入社後の貢献	例）応募理由は適切か					
	例）当社でのビジョンはあるか					
実務経験（事務職）	例）電話対応・来客応対の経験はあるか					
	例）パソコンスキルは一定基準か					
総合評価	5 ・ 4 ・ 3 ・ 2 ・ 1					
判定	採用 ・ 不採用					
コメント・その他						

CHAPTER 2 自社に合った人材を採用する方法

CHAPTER 2　SECTION | 2　6つの雇用形態の特徴とメリット・デメリット

6つの雇用形態の特徴

社長Aさん： 正社員やパートタイマーを雇用して育てていくか、スキルのある派遣社員を雇用するか、迷っています。

先生： 担当してもらいたい仕事内容、仕事量、職種などを考慮し、各雇用形態による特徴やメリット・デメリットを把握したうえで、自社が求める人材にふさわしい雇用形態を選ぶとよいでしょう。

≫ 正社員とは

　会社の主要業務を行う、雇用期間を定めない雇用契約を結んだ社員のことをいいます。給与体系は**月給制**が多いのですが、最近では**年俸制**を取り入れている会社も多くあります。また、働きに応じて昇進、昇給、賞与の支給があります。

メリット	デメリット
●契約期間の定めがないので、継続して仕事を任せることができる。 ●信頼関係を築きやすく、場合によっては、社外秘的なことも相談できる。	●契約期間の定めがないため、本人から退職の申し出がない限り、原則、定年退職まで雇い続ける。 ●一般的に、昇給や賞与、退職金・福利厚生など、ほかの雇用形態と比べてコストがかかる。

≫ パートタイマー、アルバイトとは

1 パートタイマー

　正社員と比較して、勤務時間、勤務日数が短い社員のことをいいます。比較的軽易な仕事や**ルーティンワーク**などを担当しているケースが多いようです。給与

用語　ルーティンワーク
マニュアルどおりに行う日常業務のこと。

体系は時給制が多く、**契約期間を決めて**雇用します。

2 アルバイト

　パートタイマーと同様、比較的軽易な仕事やルーティンワークなどを担当しているケースが多く、時給制で一般的には契約期間を決めて雇用します。

　また、学校卒業後も正社員としてではなく、アルバイトとして仕事をするフリーターもアルバイトの一種です。

> **補足 パートタイマーの契約期間**
> 一般には3か月～1年といった単位の契約が多いようです。

メリット	デメリット
●人件費、社会保険料などの負担が抑えられる。 ●必要に応じて採用できる。 ●契約期間を定めるケースが多く、雇用を調整しやすい。	●原則、時間外労働や休日労働は依頼しにくい。 ●勤務期間、勤務時間が短いため責任のある仕事を任せるのが難しい。 ●契約期間満了による退職も解雇とみなされる可能性あり。

≫ 契約社員とは

　仕事内容や勤務時間は正社員と同程度のことを行いますが、契約期間がある社員のことをいいます。

　契約期間は最長で原則3年です。一般的には月給制が多く、また、年俸制を採用する会社も増えてきています。

> **補足 契約社員の契約期間**
> 原則3年ですが、「高度な専門知識をもった人」などを雇う場合は、最長5年までの契約期間で雇うことが認められています。

メリット	デメリット
●契約期間を定めるため、契約期間が満了した時点で雇用契約を終了することが可能である。 ●正社員と比較すると、人件費や福利厚生費が安くすむ場合がある。	●高い専門性のある人を雇う場合、給料が正社員より高くなる場合がある。 ●管理職への登用は難しい。 ●契約期間満了による退職も解雇とみなされる可能性あり。

※労働契約法の改正により、平成25年4月1日以降の有期労働契約が5年を超えて反復更新された場合は、労働者の申し込みにより無期労働契約に転換させるしくみがスタートします。

CHAPTER 2　自社に合った人材を採用する方法

≫ 派遣社員とは

　人材派遣会社に雇われ、派遣された先の会社で指示命令を受けて働く社員のことをいいます。

　派遣社員を雇う場合は人材派遣会社と契約をし、派遣社員とは雇用契約は結びません。なお、労働者派遣法では仕事内容により同じ派遣先会社への派遣期間が制限されています。

　また、正社員とパートの中間に位置した仕事が多いですが、専門的な職種で働くケースもあります。

メリット

- 繁忙期のみ集中的に働いてもらうことが可能。
- 賞与や退職金、社会保険料の負担がない。
- 募集や採用に時間を取られず、人材派遣会社に依頼することで求める人材を手配してもらえる。
- 雇用主は派遣元の人材派遣会社のため、直接労務管理をしなくてすむ。

デメリット

- パートタイマーやアルバイトと比較して給料が高い。
- 事前面接は禁止されているため、希望した人材を必ずしも採用できない（紹介予定派遣除く）。
- 建設業、港湾運送業、警備業務、医療関係業務など、派遣禁止業務がある。
- 日雇派遣は原則禁止（例外あり）。
- 派遣期間の制限を超えて雇用する場合は派遣労働者に直接雇用を申し込む必要がある。

[派遣社員のしくみ]

派遣会社 — 給料支払い／雇用契約 → 派遣スタッフ
派遣会社 ← 料金支払い／労働者派遣契約 — 派遣先企業
派遣先企業 → 仕事の指示 → 派遣スタッフ
派遣スタッフ → 労働提供 → 派遣先企業

業務委託とは

「仕事」単位で**業務を請け負う形態で働く社員**のことをいい、「雇用契約」ではなく「業務委託（請負）契約」となります。個人事業主であり労働者ではないため、労働基準法等の法律は適用されません。時間配分は業務を請け負った本人の裁量に任されるため、1日何時間勤務といった取り決めは行いません。

> **注意 業務委託は労働者ではない**
> 社会保険や労働保険の加入、有給休暇の付与も不要です。

メリット
- 業務単位で、また繁忙期のみ集中的に働いてもらうことが可能。
- 賞与や退職金、社会保険料の負担がない。
- 派遣労働者と違い、受け入れ期間・業務の種類に制限がない。

デメリット
- パートタイマーやアルバイトと比較して給料が高い。
- 労働者でないため、細かい指示命令や時間拘束を行うことはできない。
- 形式的に業務委託契約でも実態から労働者として判断された場合、雇用主としての責任が発生する。

> 例　労務の提供をしない時間について報酬が控除されたりして、時間管理が行われている場合など。

先生の大事なアドバイス

☑ 正社員以外の雇用形態であっても、社会保険や労働保険の加入要件を満たした場合は各保険に加入する必要があります。また、正社員以外の雇用形態であっても有給休暇の付与要件を満たした場合は有給休暇を取得させなければなりません。

☑ 労働基準法の適用がなく、社会保険料などの負担も除外されている「業務委託契約（個人事業主）」に意図的に切り替えを行う経営者もいますが、あくまで実態で判断されるため安易な切り替えは行わないようにしてください（労働者性の判断は、労働基準法研究会報告「労働基準法の『労働者』の判断基準について／昭60.12.19」などにより基準が決まっています）。

☑ 派遣先が違法であることを知りながら派遣労働者を受け入れている場合には、派遣先が派遣労働者に対して直接労働契約を申し込んだものとみなす制度が創設されます（平成27年10月1日施行）。

CHAPTER 2　自社に合った人材を採用する方法

CHAPTER 2　SECTION | 2　6つの雇用形態の特徴とメリット・デメリット

正社員を採用する場合の注意点

社長Aさん: 仕事をイチから教えなくていいので、即戦力となる経験者を正社員として雇用したいと考えているのですが？

先生: 即戦力となる経験者を採用したいという気持ちはわかりますが、いくら経験があっても自社の文化や考え方、雰囲気、仕事の進め方などに慣れるまでは一定の時間が必要です。あくまで自社に合った人材を「育成」していく考え方が大事です！

≫ 正社員は簡単に解雇できない

実際に雇ってみたら「マナーが悪い」「協調性がない」「業務経験のわりには仕事ができない」「知識が足りない」といった不満が出てくることはよくあります。しかし、だからといって簡単に辞めてもらうわけにはいきません。**解雇が認められる**には一定の要件を満たさなければならないため、実務的には難しいのが現実です。

> 補足　解雇
> 解雇の要件については114ページ参照。

また正社員は、通常会社の主要業務を担当するため「期間の定めのない契約」を締結します。これは、定年退職・解雇に該当する場合を除いて、本人が退職すると申し出ない限り、会社は雇用し続けなければならないことを意味しています。

一度正社員を雇用すると**簡単に退職させたりできず、会社には大きな責任が発生するのだという自覚をもって採用すること**が大事です。

> 正社員は原則として無期限の雇用形態となります！

正社員 → 雇用が無期限

≫ 経験者でも研修や教育が必要なことも

よく、「経験のある即戦力の社員を採用したい」という経営者の声を聞きますが、採用した人材がすぐに即戦力になるケースはあまりありません。いくら経験があっても、すぐに担当する業務すべてに対応できるわけではありません。やはり仕事や新しい職場環境に慣れるまでは一定の時間が必要です。

経験者の採用後はついつい教育をする手間や時間、費用を惜しんで放置状態になっているという会社も多いですが、担当する業務に足りない知識や能力がある場合は、別途**研修を受講してもらう**ことも必要です。

本当に会社にとっていい人材を採用したいのであれば、**「いい人材を採用したい」から「いい人材を自社で育成していく」**と考え方を変えていく必要があります。

> **補足 管理職研修**
> 例えば、将来の経営幹部や管理職を育成する予定の場合は、体系的な能力が身につくような研修を受講させることも必要です。

①経験者であっても自社として足りない知識・技術を補う研修を別途設ける。

②管理職候補者には、部下育成力などのスキル研修も行っておく。

管理職に必要な能力例
- スピーディーな意思決定力
- 問題解決力
- マネジメント力　など

先生の大事なアドバイス

- ☑ 試用期間であっても、正当な理由がなければ本採用拒否はできません。本採用拒否を行うためには、就業規則や雇用契約書に本採用拒否する具体的な理由を明記したうえで、あらかじめその旨を説明しておくことが大事です。
- ☑ 体系的な研修制度を計画し、実施する場合は、研修費用の一部が助成される「キャリア形成促進助成金」という助成金制度があります。

CHAPTER 2　SECTION | 2　6つの雇用形態の特徴とメリット・デメリット

パートタイマーを採用する場合の注意点

社長Aさん: パートタイマーを雇用しました。雇用契約書も契約期間も定めていませんが、問題はありますか？

先生: パートタイマーも労働基準法上の労働者に該当するため、労働条件を書面で通知する必要があります。また、あらかじめ雇用契約期間を定めていない場合、勝手に契約を終了することができないので注意しましょう。

▶▶ 契約期間を定めよう

　パートタイマーなら正社員より簡単に解雇（退職）できると誤解している人がいますが、これは間違いです。パートタイマーも労働基準法上の労働者に該当するため、正社員と変わらず簡単に解雇（退職）することはできません。

　しかし、実務上は仕事量の増減や経営状態の変化を理由とした雇用調整の必要が発生することもあるかもしれません。このような場合を想定し、パートタイマーを雇用する場合は、**あらかじめ「3か月」「6か月」「1年」などの雇用契約期間を定めて雇用契約を締結**し、契約期間が満了するごとに契約更新の有無を確認する形式を取ることをお勧めします。雇用契約期間が決まっている場合は、<u>雇用契約期間が満了</u>した時点で雇用契約を終了することが可能です。

> **注意　契約終了時のポイント**
> ただし、繰り返し契約期間を更新した場合などで雇用契約を一方的に終了した場合、雇い止めとして解雇とみなされるケースもあるため、注意が必要です。

▶▶ 労働条件を書面で渡そう

　パートタイマーも労働基準法上の労働者であるため、一定の労働条件については書面での通知が必要です（通知する労働条件については78ページ参照）。また、「短時間労働者の雇用管理の改善等に関する法律（通称：**パートタイム**

労働法)」では、労働基準法で定められている項目に加えて、「**昇給の有無**」「**賞与の有無**」「**退職手当の有無**」について明記し、文書にして渡すことを義務づけています。パートタイマーに対する労働条件通知書を作成する場合は、この3つの項目についても明記しなければなりません。

[明記が必要な条件]

昇給

記載内容例
- 昇給なし
- 昇給あり（○月分より）
- 勤務成績により昇給がある場合は○月分より

賞与

記載内容例
- 賞与なし
- 賞与あり（6月・12月）
- 会社の業績がよい場合は賞与の支給をすることがある

退職金

記載内容例
- 退職金の支給なし
- 退職金の支給あり
- 勤続2年経過後は「中小企業退職金共済」に加入可

書面で通知

「昇給は、勤務成績によって決定する」「会社の業績がよい場合のみ、賞与を支給する」といった個別の条件がある場合は、文書にその旨明記することが必要。

先生の大事なアドバイス

☑ パートタイマーも、加入要件を満たした場合は社会保険や労働保険に加入しなければなりません（各保険の加入要件は82ページ参照）。また、パートタイマーは年間収入が103万円を超えると税金面で不利となるといわれているため、この年収以下に抑えようとする傾向があります。会社は、このことを考慮したうえで本人の希望と業務の調整を行う必要があります。

☑ パートタイマーの年間収入が130万円（60歳以上の場合は180万円）以上となると、健康保険の被扶養者としては認められなくなり、配偶者などの健康保険に加入している場合は脱退して社会保険料を自分で負担しなければなりません。

CHAPTER 2　SECTION | 2　6つの雇用形態の特徴とメリット・デメリット

外国人を採用する場合の注意点

社長Cさん: 外国人の雇用も視野に入れています。なんでも「在留カード」制度が新しくできたとか。どんなことに注意したらよいですか？

先生: 新しい在留管理制度により、中長期在留者について「在留カード」が交付されるようになりました。会社は外国人労働者の雇入れや離職の際に、「氏名」「在留資格」などをハローワークへ届け出なければなりません。

≫「在留カード」とは

「在留カード」とは、入管法上の在留資格をもって**適法に日本に中・長期間滞在する外国人の人が所持するカード**です。「在留カード」が交付される中・長期在留者は、次の人を除外した人のことです。

[在留カードを持たない外国人]
① 「3か月」以下の在留期間が決定された人
② 「短期滞在」の在留資格が決定された人
③ 「外交」または「公用」の在留資格が決定された人
④ ①～③に準じる者として法務省令で定める人
⑤ 特別永住者
⑥ 在留資格のない人（ホームステイの人など）

　外国人労働者を雇用する会社は、「在留カード」の有無を確認しなければなりません。「在留カード」を持っていない場合は、不法就労に該当する場合もあるので注意が必要です。また、**在留カード表面に「就労不可」の記載がある場合は原則雇用できません**（ただし、在留カード裏面の「資格外活動許可欄」の記載内容によっては就労することが可能）。また、一部就労制限がある場合は、制限内容の確認が必要です。

≫ 外国人の雇入れ・離職の際の届出

会社は、雇用対策法に基づき、外国人労働者の雇入れおよび離職の際に、その氏名、在留資格などについて管轄するハローワークへ届け出ることが義務づけられています。

外国人雇用状況の届出は、**該当する外国人が雇用保険の被保険者か否かによって届出方法が異なります。**

[届出方法の違い]

雇用保険の被保険者となる場合

「雇用保険被保険者資格取得（喪失）届」の備考欄に「**在留資格**」「**在留期限**」「**国籍**」「**資格外活動許可の有無**」を記載して届け出ることが可能。

雇用保険の被保険者でない場合

「外国人雇用状況届出書」に「**氏名**」「**在留資格**」「**在留期限**」「**生年月日**」「**性別**」「**国籍**」「**資格外活動の許可の有無**」を記載して届け出る。

[外国人の雇用では不法就労に注意]

①不法滞在者の就労（観光ビザのみなのに就労／在留期間オーバーなのに就労）

②入国管理局から働く許可を受けていない者の就労（「留学」「研修」「家族滞在」「文化活動」「短期滞在」）

③入国管理局から認められた活動の範囲を超えた就労（コックさん→外国語講師）

先生の大事なアドバイス

☑ 在留カードを持っていなくても就労できるのは、①旅券に後日在留カードを交付する旨の記載がある人、②在留カードへの切り替えをしていない人（外国人登録証明書を持っている人）、③3か月以下の在留期間が付与された人、④『外交』『公用』などの在留資格が付与されている人などが該当します。

☑ 不法就労は法律で禁止されています。もし、在留カードの確認を怠ったなど事業主にも過失がある場合、処罰（3年以下の懲役、300万円以下の罰金）を科されることもあります。

CHAPTER 2　SECTION | 3 採用の流れとスケジュール

募集から契約までの流れ

> 社員の募集は初めてです。どのような流れで採用活動を行うのでしょうか？
> ——社長Bさん

> 採用活動は、大きく分けると「人材募集」「選考」「採用面接」「労働契約」「安全衛生教育」というステップに分けられます。あらかじめ全体の流れをつかんだうえで各ステップのポイントを押さえておきましょう。
> ——先生

≫ 全体の流れをつかもう

通常、社員を雇うときは、どのような流れで採用活動を行うのでしょうか。募集から契約、入社後の安全衛生教育までの流れをあらかじめつかんでおきましょう。

1 採用条件の決定〜募集

人を雇用する際、まずは**ほしい人物像を明確にしたうえで募集**をかけます。これまでの手順で作成したスキルマップなどを活用してください。

ほしい人物像がはっきりしたら、「仕事内容」「雇用形態」「給料」「出勤日数」「勤務時間」「福利厚生」「休日休暇」「必要な資格等」といった具体的な採用条件を決定しましょう。

2 選考

応募者の中から最適な人材を選考します。採用活動には一定のお金と時間がかかりますが「書類選考」「筆記試験」などを実施して効率的な選考を行います。

中小企業では、「人物本位で選考したい」という経営者もいますが、自社が求める人材を選考するためには、**応募者の情報を短い期間にできるだけ多く収**

集し、選考に活かすことが望まれます。

大企業の採用活動は、5〜10回の面接を行うケースもあります。本来、採用活動はそれだけ時間をかけて行うものですが、中小企業では面接回数も少ないため、採用面接で確認したいことをあらかじめ準備して臨みましょう。

3 採用面接

採用活動の中でも一番重要なのが「採用面接」です。直接会って話をすることは、応募者がどのような人なのかを知るために一番確実な方法です。ただし、**短時間で相手を知るためには、準備をして面接に臨むことが大事**です。45ページの「採用基準評価シート」を使用し、面接の流れを押さえたうえで、応募者への質問をピックアップしておきましょう。

4 雇用契約

採用が決定したら、**雇用契約を締結**します。正社員をはじめ、パートタイマーなど労働基準法上の労働者の場合は労働条件の一定の項目について書面（労働条件通知書）を交付することが義務づけられています。また、社会保険や労働保険への加入手続きも発生しますので漏れずに対応してください。

5 安全衛生教育

社員を新たに雇入れたときは**「健康診断」を実施するよう義務づけられています**。ただし、雇入れ前3か月以内に健康診断を実施し、その結果を提出した社員については必要ありません。

また、労働安全衛生法では社員に対して仕事に必要な安全衛生教育を行うことを義務づけていますので、忘れずに実施しましょう。

> **注意　入社時の安全衛生教育とは？**
> 例えば機械の安全な取り扱いや作業手順など、社員が職場で安心して実務の遂行ができるための教育をいいます。

先生の大事なアドバイス

☑ 健康診断を行った場合は健康診断個人表に記録し、その後も1年に1回、医師において健康診断を行うことが労働安全衛生法で義務づけられています。

求人募集のルール

社長Bさん: 募集の際、基本給の金額とか、できれば若い人に来てもらいたいとか、採用条件はどこまで細かく記載できる（すればよい）でしょうか？

先生: 求人募集を行う場合は、法律で決められた一定の労働条件を明示します。ほかにも、例えば「性別を限定した募集の禁止」「年齢制限の原則禁止」「未成年者の雇用の原則禁止」など法律上の基準を守る必要があります。

≫ 採用条件を決定する

募集する人物像が明確になったら、具体的な採用条件を決定しましょう。主な採用条件には次のような項目があります。

[採用条件のポイント]

❶	仕事内容	一般事務、営業職、企画など、具体的にどのような業務を任せるのか、仕事の具体的な内容を明確にする。 例）顧客対応業務、パソコン入力業務、電話応対業務
❷	雇用形態	仕事の内容や範囲、負担できる人件費の額、会社の目指すべき方向性や規模、業務拡大の可能性などを視野に入れて決定する。
❸	給料	仕事の内容と負担できる人件費の予算から決定する。
❹	勤務日数 勤務時間	❶～❸の内容から適切な勤務日数、勤務時間（時間外労働の有無）を決定する。
❺	福利厚生	交通費の支給、社会保険、労働保険、退職金制度の有無、研修制度の有無などを決定する。
❻	休日休暇	所定休日、夏季休暇、年末年始休暇などを決定する。
❼	必要な資格等	業務上必要な資格（運転免許など）を決定する。

≫ 募集時のルール

求人募集をする際は、守らなければならない法律上の基準があります。

[募集時のポイント]

項目（根拠法）	ポイント
性別を限定した募集はできない（男女雇用機会均等法）	・男女別に異なる条件をつけられない。 ・仕事の対象、人数を男女別に設定できない。 　例）「女性は一般職に限る」「女性事務職募集」
年齢制限はできない（雇用対策法）	・原則、年齢制限をした求人は不可。 　例）「20～30歳」「45歳未満」 ・例外として①60歳以上の高齢者に限定して募集する場合、②長期勤続によるキャリア形成を図る観点から若年者等を期間の定めのない労働契約として募集する場合など、例外事由に該当するときは年齢制限が認められることがある。
満15歳未満の未成年者は雇用できない（例外あり）（労働基準法）	・原則、満15歳に達した日以後の年度末（3月31日）を終了していない未成年者は雇用不可。 ・例外として非工業的業種、映画の製作、演劇などの業種について、学校の修学時間以外の時間であるなどの要件を満たした場合は雇用可。 ※例外を受ける場合、会社の管轄労働基準監督署へ「使用許可申請書」を提出して、許可を受ける必要あり。
一定の労働条件を明示しなければならない（職業安定法）	仕事内容、給料の決定・計算・支払方法・支払時期、昇給、労働時間、契約期間、就業場所、始業・終業時刻、休憩、休暇・休日、退職・解雇に関する事項など。
給料額は最低賃金を下回ってはならない（最低賃金法）	アルバイト、パートタイマーなど含むすべての社員が対象。給料を決定する際は、決められた最低賃金額を上回らなくてはいけない。

CHAPTER 2　自社に合った人材を採用する方法

先生の大事なアドバイス

- ☑ 人材募集を行う際は「子育て中の主婦の方も歓迎」「自社製品を作製することで社会貢献を目指す」といった自社の特長や方針を明記して、興味をもってもらいましょう。
- ☑ 大企業と比較すると中小企業は労働条件や雇用環境は見劣りしがちですが、「やりがい」「達成感」など中小企業ならではの魅力をアピールしましょう。

CHAPTER 2　SECTION│4　求人募集

求人募集の手段について

社長Cさん: いまは、インターネットやフリーペーパーなど、いろいろな求人情報媒体がありますが、どんな手段を使って募集するのがよいのでしょう？

先生: 求人募集にかけられる予算や時間、また、各求人手段のメリット・デメリットなどをもとに、自社に合った募集手段を選びましょう。なお、ハローワークの利用は無料なので、ほかの募集手段と並行して2次的に利用している会社は多いようです。

≫ 求人募集の手段

求人募集の手段には、次のものがあります。それぞれメリット、デメリットがあるので自社に合った方法を選択しましょう。

[様々な募集手段]

手段	内容
ハローワークなど公的な機関に申し込む	「マザーズハローワーク」「キャリアアップハローワーク」「人材銀行」など、求める人材によって使い分けることも可能で、どのハローワークでも費用は無料。
新聞、求人雑誌、WEB求人サイトを利用する	求人雑誌によっては対象者を限定できるが、一定の費用がかかり、掲載期間が短いので必ずしも十分な応募者数があるとはかぎらない。
人材紹介会社を利用する	採用条件の詳細設定が可能。条件に合った人材を紹介してもらえるが、一定の手数料を支払う必要がある。

自社のホームページに告知	費用があまりかからず、自社の仕事内容を理解した応募者が集まりやすいが、ホームページのアクセスが少ない場合は、応募者の人数も少なくなる。
友人、知人などに紹介を依頼	あらかじめある程度の信頼関係が望めるという点はメリットだが、お互いにルーズになってしまうというデメリットもある。
大学の学生課で求人情報を掲示してもらう（アルバイト）	会社近くの学生課に求人情報を掲示してもらう。一般的に掲示は無料だが、手続きその他の条件は各学校の定めによる。

ハローワークでの募集

ハローワークを利用する際の主な流れは次のとおりです。

1 求人を申し込む
※原則として、雇用保険に加入している会社であることが条件。

2 応募があると自社に紹介してくれる。ハローワークから応募者に紹介状が渡される

3 応募者の採否を決定したら、紹介状に添付の「採否通知書」で結果をハローワークへ通知

4 採用者が決定したらハローワークへ速やかに連絡し、求人を取り消してもらう

[ハローワークの種類]

名　称	特　徴
ハローワーク（一般）	一般の総合的雇用サービス機関。
キャリアアップハローワーク	正社員として働いた経験が少なく、かつ、正社員での就職を目指している人への就職支援を行う。
マザーズハローワーク	子育てをしながら就職を希望する人への就業支援を行う。
人材銀行	管理職、専門・技術職を対象に、職業相談・紹介等を行う。

先生の大事なアドバイス

☑ 書類選考を実施する場合は、事前に「履歴書」「職務経歴書」を郵送してもらうよう求人票にその旨記載してください。

☑ ハローワークを初めて利用する場合、「求人票」とは別に「事業所登録シート」により会社の登録をする必要があります。

CHAPTER 2　SECTION | 5 書類選考と筆記試験

書類選考のチェックポイント

社長Bさん: 採用にあたって履歴書や職務経歴書を提出してもらうとして、どんなところをチェックしたらよいのでしょうか。

先生: 書類選考のチェックポイントは、応募者が自社の求める採用基準を満たしているか否かという視点でチェックしてください。なお、書類全体の見た目や履歴書の内容などにより、マナーや人間性、実務経験など必要最低限の情報を収集することが可能です。

≫ 応募書類のチェックポイント

書類選考に利用する書類は、一般には**「履歴書」「職務経歴書」「志望動機」**などで、これは会社で自由に決定できます。選考の際は次のチェックポイントを参考に選考しましょう。

併せて、書類選考を通過した応募者については面接時に質問したいことや確認ポイントをピックアップしておきましょう。

[応募書類のチェックポイント]

書類全体

- ☐ 丁寧に書いてあるか
- ☐ 修正ペン・修正テープは使用していないか
- ☐ 誤字脱字がないか
- ☐ 履歴書に添付してある写真は、きちんとした証明用写真か。また、古いものではないか
- ☐ 汚れやゴミなどはないか

> 事前にピックアップしておきましょう！

> 字が下手でも丁寧に書いてあればよい。

> ビジネス用の写真かどうかをチェック。

職歴・業務経験

- [ ] どれくらいの業務経験で、どのようなことをやってきたか
- [ ] 転職回数が多い場合は、どのような経緯で転職に至ったか

> 経験してきた仕事内容をチェック。具体的なことは面接時に確認。

> 1社ごとの勤続年数も確認。ブランク（無職期間）が長い場合は、その理由を面接時に確認。

免許・資格

- [ ] 仕事上必要なスキルはもっているか
  例）パソコンスキル、運転免許証

> 書類上で確認ができない場合は、面接時に確認。

志望動機

- [ ] マニュアルどおりの一般的な内容ではないか
- [ ] 本人の言葉で書かれた内容か

> 応募者の本音を面接時に確認。

通勤時間・家族状況

- [ ] 通勤時間はどれくらいか
- [ ] 扶養家族はいるか

> 通勤時間が長い場合、会社の交通費負担が多くなり、また本人の疲労などの影響が考えられる。

> 家庭状況により給料額や勤務状況に影響が出ることもあるため要確認。

履歴書　職務経歴書　志望動機

先生の大事なアドバイス

- ☑ 書類選考に合格したら、その旨を応募者に伝えたうえで筆記試験・面接の案内をします。一般的に1週間前後で面接日を設定します。
- ☑ 書類の中身はもちろんですが、封筒に記載した住所や宛名の記載の仕方で、応募者のマナー・常識・意欲などを読み取ることも可能です。

CHAPTER 2　SECTION | 5 書類選考と筆記試験

筆記試験のポイント

社長Bさん: 筆記試験、適性検査といっても、どのようなものを準備したらよいかわかりません。

先生: 筆記試験も、応募者が自社の求める採用基準を満たしているかを確認するツールのひとつとして利用しましょう。中でも適性検査は会社により検査内容が異なるので、確認したい基準を明確にしたうえで選択するようにしてください。

≫ なぜ、筆記試験を行うのか？

筆記試験も短期間で応募者の情報収集ができる重要なツールで、**適性検査やスキルを調べる試験など**があります。これらでは履歴書と面接ではわからない情報を得ることができます。

どのような能力を筆記試験で確認したいのかを明確にしたうえで、自社に合った筆記試験を取り入れることが大事です。

補足 目的別の筆記試験

適性検査…応募者の性格・仕事の適性度・一般常識などを測る。

スキル検査…業務知識を確認する。

≫ 適性検査などを利用する

適性検査は、その結果で決めるというよりは、自社の採用基準を満たしているかどうかを確認するツールのひとつとして利用することをお勧めします。

[適性検査の種類]

テスト（提供会社）	内　容
CUBIC（キュービック） （株式会社エージーピー）	「能力」「性格」「興味」「指向」「ストレス耐性」などの人材・組織診断

SPI2 （株式会社リクルート）	能力適性テストと性格適性テストをひとつに組み込んだ総合適性検査。数種類あり、目的や応募者のキャリアなどによって選択する
内田クレペリン （株式会社日本・精神技術研究所）	計算テストと性格テストを融合させた採用テスト
GAB （日本エス・エイチ・エル株式会社）	知的能力とパーソナリティの測定からコンピテンシー、マネジメント資質、職務適性を予測する
SCOA （株式会社日本経営協会総合研究所）	「能力」「性格」「興味・指向」「ストレス耐性」「職業適性（事務など）」などの診断

また、正解は特にないという前提で、例えば、15分程度で次のようなケーススタディに対して自由回答させることで、応募者の問題解決力や自発性などをチェックする方法もあります。

> **用語 コンピテンシー**
> 高い業績を上げている社員の行動特性を分析し、その行動特性を活用することでほかの社員の行動を変え、社員全体の質を向上させることを目的としたシステムのことです。

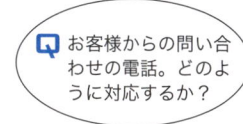

- Q 上司が急ぎの残業を依頼してきたら？
- Q お客様からの問い合わせの電話。どのように対応するか？
- Q 上司にいままでやったことのない仕事を依頼されたら？

先生の大事なアドバイス

- ☑ 検査会社によって異なりますが、適性検査の費用は、1人あたり2,000円〜と、比較的導入しやすい価格設定になっています。また、試験結果は1週間程度で判明します。
- ☑ ケーススタディは面接時に質問してもよいですが、あらかじめ筆記試験で回答させることで、時間を効率的に使用することが可能です。

CHAPTER 2　SECTION | 6 採用面接

面接のチェックポイント

> 面接することに意味があることはわかっているつもりですが、面接時のポイントって何でしょうか？
> ——社長Cさん

> 面接は、応募者のマナーやコミュニケーション力など、書類選考や筆記試験ではわからなかった部分（特に「人間性」）を確認しましょう。ただし、会社の採用基準を満たしているかを確認する点では書類選考や筆記試験と同じです。
> ——先生

なぜ、面接を行うのか？

採用活動の目的は「自社の基準に合う人材かどうかを見極める」こと。直接応募者と会って話ができる機会であり、採用活動において重要な役割をもっています。**面接の時間は少なくとも1人あたり30分前後は確保し**、ゆっくりと話をしたいところです。

採用基準評価シートの使い方

45ページで作成した採用基準評価シートを活用します。いずれのカテゴリも大切ですが、図のような割合で考えていくとよいと思います。

「実務経験」は大事ですが、51ページでも述べたように、「即戦力」の人材獲得は難しいのが現実です。実際に多くの経営者は**経験よりはマナー、コミュニケーション力に悩むことが多い**ようです。求人募集する職種、職務遂行能力、役職によって重視するカテゴリは異なってくるので、実態に合わせて重視するカテゴリを決めましょう。

- 「マナー・人間性」「コミュニケーション力」　6割
- 「実務経験」　3割
- 「入社後の貢献」　1割

> このぐらいの割合に考えて採用しよう

≫優秀な人材も雇ってはいけない？！

短時間でいい人材を見抜くのは難しいことですが、まずは少しでも**問題を起こしそうな人材かな、と思ったら強い意志をもって雇わないこと**が大事です。スキル検査がよかったばっかりに雇ってみたら、実はルールを守れない人や権利ばかり主張する人など、問題社員に悩まされている会社も多くあります。

また、**自社を踏み台にし、すぐに別の会社に行きそうな人材を雇わないこと**も大事です。せっかく採用活動にお金と時間を投入しても、その人材が入社後すぐ退職してしまうと、すべての努力が水の泡となってしまいます。自社にはもったいないような優秀な人材が応募してきた場合、無理をしてでも雇用したいと考えるかもしれません。しかし、自社の採用基準に合わないのであれば、迷わず選考対象から外さなければなりません。

また、優秀な人材の場合、せっかく入社してもお互いのニーズが一致せずにすぐに退職してしまうケースも実際に多くあります。

［無理をして採用した場合にありがちなケース］

優秀な人材に適した高度な仕事を任せられずに、本人のモチベーションが下がってしまうケース。

以前の会社のやり方を持ち込み、ほかの社員や経営者の考え方と溝ができてしまうケース。

先生の大事なアドバイス

- ☑ アメリカの心理学者メラビアンが提唱する法則では、初対面での第一印象を決定づける要素として、言葉の占める割合は7％だとか。そのほか38％は話し方や声のトーン、ボリューム、スピードで、55％はボディーランゲージ、服装、態度などです。採用後は会社の代表としてお客様や取引先と接することもありますので、見た目の印象も重視したいものです。
- ☑ 具体的には「清潔感のある服装か」「落ち着きはあるか」といった点をチェックしておきましょう。

CHAPTER 2　自社に合った人材を採用する方法

CHAPTER 2　SECTION | 6　採用面接

面接の流れを把握する

社長Bさん： 面接本番になってから戸惑わないよう、事前に何か準備をしておきたいと思っているのですが？

先生： 面接では、できるだけ自分は聞き手にまわり、応募者に話してもらうように心がけましょう。なお、挨拶から面接者の自己紹介、自社の紹介、結果についての連絡方法など、その他応募者に伝えておくべき事務連絡は事前にピックアップしておきましょう。

≫ 面接の準備を行う

履歴書や職務経歴書をチェックします。職務経歴や具体的な仕事内容など面接時に確認したい内容をピックアップしておきましょう。

［面接時に用意するもの］
- □ 履歴書
- □ 職務経歴書
- □ 筆記試験や適性検査などの結果
- □ 採用基準評価シート（45ページ参照）
- □ 会社案内（閲覧用）
- □ 書類をはさむバインダー（あれば）
- □ 筆記用具

≫ 面接の心構え

面接は書類ではわからない応募者のことを知る場です。応募者の話しやすい雰囲気を作るためには、採用担当者の態度も重要になってきます。

採用担当者の中には応募者の話をさえぎって話し出してしまう人がいますが、これでは相手のことを知ることはできません。**応募者の話はじっくり聞き、次の質問も応募者が話し終わってから質問するようにしましょう。**

一方的に自分の考えだけをまくし立てているだけでは、応募者の「人となり」はわからない。

≫ 面接の流れ

面接の流れをあらかじめ押さえておき、準備をして面接に臨みましょう。

[面接の流れ]

① 挨拶
- 丁寧に、にこやかに行う
- アイスブレイク(場を和ませる)をし、緊張をほぐす

↓

② 面接者の自己紹介
- 簡単に面接をする自分の自己紹介をする
- 例)役職、経歴など

↓

③ 採用目的・会社の紹介
- 今回の採用の目的や求める人材の特徴などを伝える
- 自社の簡単な社歴と業務内容について説明する
- 例)設立年月日、業務内容、役員、社員の人数など

↓

④ 応募者への質問
- 履歴書や職務経歴書で確認したいポイントを質問する
- オープンクエスチョン(Yes,Noではなく回答の幅のある質問)で応募者の考えを引き出す
- 「あいづち」を打つなど、応募者の話を聞く

↓

⑤ 応募者からの質問
- 会社や仕事内容について、応募者から質問する時間を設ける

↓

⑥ 結果の連絡について
- 選考結果の連絡時期や連絡方法について伝える

↓

⑦ 挨拶・見送り
- 時間を割いてくれた応募者に感謝の挨拶をする
- 時間が許せば玄関・エレベータの前まで見送る

先生の大事なアドバイス

☑ 事前の準備次第で、短時間で相手を知ることができるかどうかが決まります。用意周到に準備をして面接に臨むことが、面接成功のカギです。

☑ 面接は、会社が応募者を選考すると同時に応募者が会社を選考する場でもあります。応募者に「ぜひここで働きたい!」と思わせるような面接でありたいものです。

CHAPTER 2 自社に合った人材を採用する方法

CHAPTER 2　SECTION | 6 採用面接

面接で聞いておきたい質問

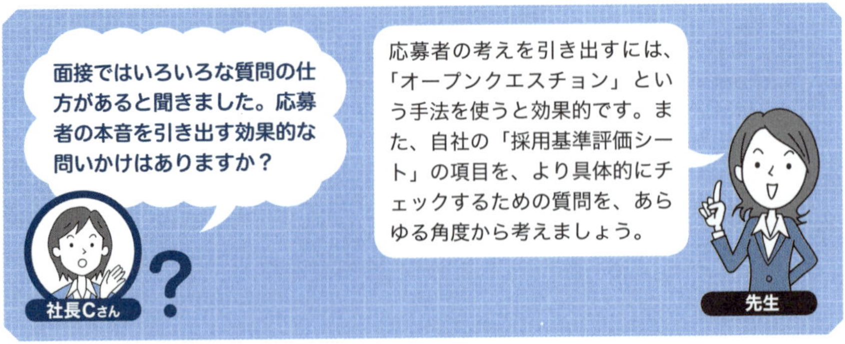

社長Cさん: 面接ではいろいろな質問の仕方があると聞きました。応募者の本音を引き出す効果的な問いかけはありますか？

先生: 応募者の考えを引き出すには、「オープンクエスチョン」という手法を使うと効果的です。また、自社の「採用基準評価シート」の項目を、より具体的にチェックするための質問を、あらゆる角度から考えましょう。

≫ 質問のスタイルには種類がある

応募者にたくさん話してもらうためには、採用担当者の質問方法が大事です。質問には、例えばYES,NOなどの決まった選択肢から答える「クローズドクエスチョン」と、答えの自由度が高い「オープンクエスチョン」の2種類があります。

面接の際には、**応募者の考えを引き出すのに最適な「オープンクエスチョン」を使いましょう。**

ただし、最初から適切なオープンクエスチョンを作ることができるわけではありません。いろいろな質問を試したうえで随時修正をしていきましょう。

[クローズドクエスチョン]
（閉じられた質問）

「はい」「いいえ」

[オープンクエスチョン]
（開かれた質問）

「私としましては……」「私のポリシーは……」

≫採用基準評価シートの項目をチェックしよう

「採用基準評価シート」の項目をチェックするためには、「オープンクエスチョン」を使用して質問をします。次に挙げたような質問例がありますが、どの場合においても自社の採用基準を満たしているかどうかを確認するための質問をすることが大事です。

[採用基準評価シートに基づく質問例]

質問例

項目	採用基準	質問例
マナー・人間性	仕事に対して責任感がある	担当者が不在の際、自分の担当以外の問い合わせの電話を受けたとき、どのように対応しますか？
	わからないことがあったら自分からアクションを起こすことができる	仕事を進めていく中で、わからないことがあったときの対応方法を教えてください
コミュニケーション力	相手を尊重しながら自分の意見を伝えることができる	もし上司と意見が食い違った場合、どう対応しますか？
	顧客と交渉することができる	顧客から無理難題を与えられたら、どう対応しますか？
入社後の貢献	仕事に対するやる気・自発性がある	当社に応募した理由は？
		5年後にどんな仕事をしていたいですか？
実務能力	エクセルで関数を使える	どんな関数を使うことができますか？
		いままでの仕事で使用したことがある関数を具体的に教えてください
その他	営業経験が1年以上あり、商談をまとめることができる	前職では、どのような仕事をしていたのですか？

先生の 大事な アドバイス

☑ 質問にすぐ回答できない応募者がいるかもしれません。沈黙してしまっても頭の中で話す内容をまとめている可能性が高く、その後の答えは本音を聞けるケースが多いものです。沈黙を大事にして応募者の回答を待つ心づもりが大事です。

CHAPTER 2　SECTION | 6 採用面接

面接で聞いてはいけない質問

> 面接で、相手のプライベートな事情にどこまで立ち入ってよいのかわかりません。
> ――社長Bさん

> 会社には採用の自由がありますが、応募者の基本的人権を侵すような質問はNGです。本籍地や出生地、家族状況など「本人に責任がない事項」や、宗教、尊敬する人など「本来自由であるべきもの」を質問してはいけません。
> ――先生

聞いてはいけない質問がある

　厚生労働省は、採用選考の際は応募者本人の適性や能力で**公正な選考を実施するよう**指針を出しており、具体的には次の質問はできないこととしています。面接の際も、その人の適性と能力に関係ない事項を質問しないよう注意しましょう。

[こんな質問はしてはいけない]

本人に責任のない事項の把握
- □ 本籍・出生地に関すること
- □ 家族の仕事の有無・職種・勤務先・健康・地位・学歴・収入・資産など家族に関すること
- □ 住宅の間取り、部屋数、住宅の種類、近郊の施設など住居状況に関すること
- □ 生活環境・家庭環境などに関すること

本来自由であるべき事項（思想・信条に関わること）の把握
- □ 宗教に関すること
- □ 支持政党に関すること
- □ 人生観、生活信条に関すること
- □ 尊敬する人物に関すること
- □ 思想に関すること
- □ 労働組合・学生運動など社会運動に関すること
- □ 購読新聞・雑誌・愛読書などに関すること

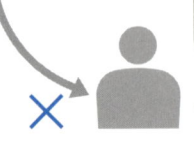

厚生労働省の指針においては、**募集を行う際に原則として収集してはならない個人情報**として以下のように規定されています。

> **注意 個人情報の収集**
>
> 本人から直接、または本人の同意の下で収集することが原則です。これに違反したときは、
> ・改善命令を受ける
> ・改善命令に違反した場合は罰則（6か月以下の懲役または30万円以下の罰金）が科される
> 場合があります。

[募集前の収集が禁止されている個人情報]

人種、民族、社会的身分、門地、本籍、出生地そのほか、社会的差別の原因となるおそれのある事項
家族の職業、収入、本人の資産など

思想・信条
人生観、生活信条、支持政党、購読新聞・雑誌、愛読書

労働組合への加入状況
労働運動、学生運動、消費者運動そのほか、社会運動に関する情報

≫ 前職調査は許される？

応募者の仕事ぶりや勤務態度を知るために、直接応募者の前勤務先に電話などで確認する前職調査を実施するケースがあるようです。ただし、個人が特定できる情報である**「勤務成績」「病歴」などは本人の同意がない場合は勝手に開示することはできません。**

本人の同意を得たうえで前職調査（リファレンス）を実施するケースもありますが、厚生労働省の指針では就職差別につながるおそれのある「身元調査などの実施」には配慮しなければならないとしています。

先生の大事なアドバイス

☑ 応募者の個人情報については、「職業安定法第5条の4」において規定されています。

☑ 例えば「結婚、出産の予定はありますか？」「結婚、出産しても働き続けられますか？」といった質問は、「女性は結婚したら家庭に入るべき」といった固定的な男女役割分担意識に基づいた発言となり、男女雇用機会均等の趣旨に違反する質問のため認められません。また、「彼氏（彼女）はいますか？」といった質問は、プライバシーに関することであり、本人の適性と能力以外のことに関する質問となるため不適切な質問となります。

CHAPTER 2 SECTION | 7 採用内定と労働契約

採用内定と内定通知書の作成

社長Aさん: 来春の新卒者を採用することにしました。なので現段階では内定となります。この後の段取りはどうしたらよいでしょうか。

先生: 採用決定から本採用まで期間があいてしまうケースでは、いったん書面で「採用内定通知書」を交付しましょう。なお、内定取消は安易に行うことはできません。トラブルを防ぐためにも「採用内定通知書」には具体的な内定取消事由をあらかじめ明記しておくようにしてください。

》採用が決定したら

　新卒者など、採用が決定した後、本採用まで一定期間あいてしまう場合は本人に「採用内定」の連絡を行いましょう。電話連絡をした後、**「採用内定通知書」などの文書で通知**します。ただし、通常、応募者は並行して他社の採用試験も受けているため、**採用内定の連絡をした際に必ず入社の意思を確認する**ようにしてください。当初は入社意思があると言っていても後日内定辞退の可能性もあるので、あらかじめ採用候補者を数人選んでおくことをお勧めします。

> **補足 不採用者には**
> 不採用者には「不採用通知書」を送付します。その際、応募書類も一緒に返却しましょう。会社側で破棄する場合は、その旨をあらかじめ明示します。

》採用内定と内定取消について

　「採用内定通知書」を交付することで、**会社が採用予定者に労働契約の申し込みをしたことになります。**

　ただし、例えば内定日が10月1日で入社日が翌年の4月1日の場合、内定から入社日までの6か月の間に事情

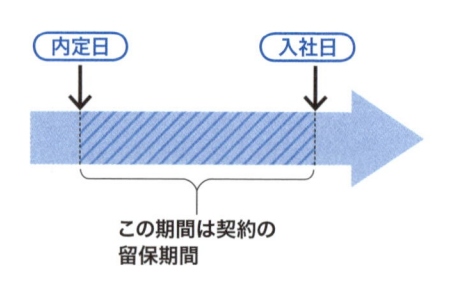

内定日　　　　　入社日
↓　　　　　　　↓
　この期間は契約の留保期間

が変わることも考えられます。

したがってこの期間は、会社には労働契約の解約権が留保されている状態となっており、「採用内定通知書」などに記載された**内定取消事由が発生した場合**には、留保した解約権を行使し内定取消を行うことが可能となります。

> **注意 内定取消**
> 内定取消は安易に行うことはできません。トラブル防止のためにも「採用内定通知書」に具体的な内定取消理由を明記しておきましょう。

[採用内定通知書の書式]

平成●年□月▲日

採用内定通知書

●●●●● 殿

株式会社　エミリオ販売
代表取締役　田中広一 ㊞
TEL　03（0000）0

先日は当社の社員募集にご応募いただき、まことにありがとうございます。慎重に検討させていただきました結果、採用内定させていただくことにいたしましたので、ここにお知らせいたします。ただし、下記の場合は採用内定を取り消すこととなりますので、予めご承知ください。

記

(1) 卒業の見込みが失われたとき
(2) 病気やケガなどで働くことができないとき
(3) 身上書類の記載に虚偽の事実があったとき
(4) 内定時には予想できなかった会社の経営環境の悪化、事業運営の見直しが行われたとき
(5) 入社日以前に不都合な行為があったとき
(6) 正当な理由なく内定者研修の参加やレポートの提出等を怠ったとき
(7) その他上記に準じる、またはやむをえない事由があるとき

以上

先生の大事なアドバイス

☑「新規学校卒業者の採用内定取消しの防止について（平成21年1月19日改正職業安定法施行規則等の交付・施行）」により、内定取消が2年度以上連続して行われていた場合や、同一年度内において10名以上の者に対して行われた場合は、その内容を公表されるリスクがあります。

CHAPTER 2　SECTION | 7 採用内定と労働契約

雇用にあたっての準備

社長Bさん: 雇用するときの手続きですが、こちらで準備する書類と、新入社員に提出してもらう書類がありますよね？

先生: 会社側は、労働契約にあたって必要な「労働契約書」「労働条件通知書」を用意します。また、新入社員に提出してもらう書類は、あらかじめ通知しておきます。「誓約書」「身元保証書」などは事前に渡して出社と同時にもらい受けるとよいでしょう。

≫ 雇用にあたって準備する書類とは

　採用予定者の入社日が決定したら、入社の準備を整えます。採用予定者に提出してもらう書類は以下のとおりですので、事前に備えておきましょう。なお、**「誓約書」や「身元保証書」は必ずしも提出が必要な書類ではありませんが、入社後にトラブルが起きた場合に備えて念のため提出させる**ことをお勧めします。併せて、採用予定者のための筆記用具や名札などの備品の準備もします。

[新入社員から提出してもらう書類の例]

☐ 年金手帳
☐ 雇用保険被保険者証（前職がある場合）
☐ 源泉徴収票（前職がある場合）

会社が事前に用意して新入社員から受け取るもの
☐ 誓約書
☐ 身元保証書
☐ 給与所得者の扶養控除（異動）申告書
☐ 健康保険被扶養者異動届
　（扶養家族がいる場合）

会社が事前に準備するもの、採用予定者から直接提出してもらうものがある。

》》身元保証書とは

「**身元保証書**」とは、例えば社員が会社のお金を横領した場合や問題行動を起こして会社の信用を傷つけた場合に、**会社が被った一定の損害額を身元保証人に賠償させることができる契約書**のことをいいます。

> **注意 身元保証書の期限**
> 身元保証書の有効期限は最長で5年です。

保証期間の更新は可能ですが、自動更新条項を設けても無効と解されるので、同一人と身元保証契約を締結する場合は、改めて契約を行うことが必要です。

社員の自覚を促すためにも、入社時に身元保証書の意義を説明し、就業規則の服務規律など、社員として守るべきルールをあらかじめ説明しましょう。

》》オリエンテーションと入社後の教育について

採用社員に対しては、いきなり業務に就かせるのではなく、事前に**オリエンテーション**を行う日程を決めて、それを実行しましょう。また、社員研修を実施する場合は、研修の準備や手配などを行います。

> **補足 入社前のオリエンテーション**
> 入社書類の説明や受け渡し、社内設備や備品の使用説明、仕事内容の説明など。

社員研修は、自社の仕事を担当するために必要な能力を身につけるため（または不足する能力を補うため）に実施するものです。例えば一般常識やビジネスマナーが身についていない社会人未経験の若手社員には「ビジネスマナー研修」を受講させ、他業種から転職してきた中堅社員であれば「業務知識習得研修」などを実施します。

> **補足 社員研修**
> 公共団体などの外部機関が主催する研修や、能力開発講座などを受講することもできます。

先生の大事なアドバイス

- ☑「誓約書」は、社員が社員として守らなければならない事項を明記し、これらを守ることを約束する文書のことです。誓約書を書くことで社員としての自覚を促す効果があります。
- ☑ 入社後の教育担当者も決めましょう。入社直後は教えたり指導したりする時間が必要ですが、新入社員への教育に費やす時間は将来への投資となります。採用した人材を無駄なく活かすためにも、段取りよく教育が行えるよう事前に準備をしておく必要があります。

CHAPTER 2　SECTION | 7 採用内定と労働契約

労働条件通知書の作成

新規採用にあたって決定した労働条件ですが、新入社員には必ず通知しなければいけないものなのでしょうか？

労働基準法では、給料の金額など一定の項目について、必ず書面で通知しなければならないと定められています。それ以外の項目については口頭での通知でも大丈夫ですが、トラブル防止のため、併せて書面で通知したほうがよいでしょう。

≫ 労働条件の基準

労働基準法では雇われる側である労働者が過酷な条件で働かされることを防ぐために最低限度の基準を定めており（右ページ参照）、この基準を下回る労働契約を結ぶことはできません。もしもこの基準を下回った労働契約を結んだとしても、**基準を下回った部分は無効**となります。

≫ 本人への通知

労働条件の一定の項目については、必ず書面で通知することが義務づけられているので、**労働条件通知書**（80ページ参照）**などの書面を作成、通知します**。それ以外の項目については、口頭での通知も可能ですが、トラブル防止などを考えると口頭ではなく書面で通知したほうがよいでしょう。

なお、明示しなければならない労働条件の内容が多く、就業規則がある場合は、該当社員が適用される**就業規則を交付することでも対応が可能**です。

[労働基準法等で定められている事項]

労働基準法

契約期間の上限期間	【原則】3年 【例外】5年（高度に専門的な知識・経験を有する者、60歳以上の者）
勤務時間の限度時間	【原則】1日8時間、1週40時間（一部業種は44時間） 【例外】変形労働時間制等を利用した場合
休日の頻度	【原則】1週間に1日もしくは4週間に4日 【例外】変形労働時間制等を利用した場合
休憩時間の長さ	・1日の勤務時間6時間を超え8時間までの場合……45分以上 ・1日の勤務時間8時間を超える場合……1時間以上
給料支払い	次の5原則に基づいて支払わなければならない ①通貨払いの原則　②全額払いの原則　③毎月1回以上支払いの原則　④一定期日払いの原則　⑤直接払いの原則

最低賃金法

最低賃金	給料は、最低賃金（「地域別賃金」「職種別賃金」）を下回ってはならない

[明示しなければならない労働条件一覧]

書面の有無　　　　　　　　　　労働条件

有
- □労働契約の期間に関する事項
- □期間の定めのある労働契約を更新する場合の基準に関する事項（平成25年4月1日より追加）
- □就業の場所および従事する業務
- □始業・終業の時刻、所定労働時間を超える労働の有無、休憩、休日、休暇、交代制勤務に関する事項
- □賃金の決定、計算、支払い方法、賃金の締切日、支払日
（昇給に関することは書面でなくともOK）
- □退職に関する事項（解雇の事由を含む）

無
- □昇給に関する事項
- □退職手当の定めが適用される労働者の範囲、退職金の決定、計算および支払い方法、支払い時期に関する事項
- □臨時に支払われる賃金、賞与、最低賃金に関する事項
- □労働者に負担させる食費、作業用品、その他に関する事項
- □安全および衛生に関する事項　　□職業訓練に関する事項
- □災害補償および業務外の傷病扶助に関する事項
- □表彰および制裁に関する事項　　□休職に関する事項

[労働条件通知書の例]

(一般労働者用;常用、有期雇用型)

労働条件通知書

年　月　日

_____殿

事業場名称・所在地

使 用 者 職 氏 名

契約期間	期間の定めなし、期間の定めあり（　　年　月　日〜　　年　月　日） ※以下は、「契約期間」について「期間の定めあり」とした場合に記入 1　契約の更新の有無 　［自動的に更新する・更新する場合があり得る・契約の更新はしない・その他（　　　　）］ 2　契約の更新は次により判断する。 　・契約期間満了時の業務量　　　　・勤務成績、態度　　　・能力 　・会社の経営状況　　　　　　　　・従事している業務の進捗状況 　・その他（　　　　　　　　　　　　　　　　　　　　　）
就業の場所	
従事すべき業務の内容	
始業、終業の時刻、休憩時間、就業時転換（(1)〜(5)のうち該当するもの一つに○を付けること。）、所定時間外労働の有無に関する事項	1　始業・終業の時刻等 (1)　始業（　時　分）　終業（　時　分） 【以下のような制度が労働者に適用される場合】 (2)　変形労働時間制等：（　）単位の変形労働時間制・交替制として、次の勤務時間の組み合わせによる。 　　始業（　時　分）終業（　時　分）（適用日　　　　） 　　始業（　時　分）終業（　時　分）（適用日　　　　） 　　始業（　時　分）終業（　時　分）（適用日　　　　） (3)　フレックスタイム制；始業及び終業の時刻は労働者の決定に委ねる。 　　　　　　　　　　　（ただし、フレキシブルタイム（始業）　時　分から 　　　　　　　　　　　　　　時　分、（終業）　時　分から　時　分、 　　　　　　　　　　　　　コアタイム　時　分から　時　分） (4)　事業場外みなし労働時間制；始業（　時　分）終業（　時　分） (5)　裁量労働制；始業（　時　分）終業（　時　分）を基本とし、労働者の決定に委ねる。 ○詳細は、就業規則第　条〜第　条、第　条〜第　条、第　条〜第　条 2　休憩時間（　　）分 3　所定時間外労働の有無（　有　、　無　）
休　日	・定例日；毎週　曜日、国民の祝日、その他（　　　　　　　　　　　） ・非定例日；週・月当たり　　日、その他（　　　　　　　　　　　） ・１年単位の変形労働時間制の場合―年間　　　日 ○詳細は、就業規則第　条〜第　条、第　条〜第　条、第　条〜第　条
休　暇	1　年次有給休暇　６か月継続勤務した場合→　　日 　　　　　　　　　継続勤務６か月以内の年次有給休暇　（有・無） 　　　　　　　　　→　　か月経過で　　日 　　　　　　　　　時間単位年休　（有・無） 2　代替休暇　（有・無） 3　その他の休暇　有給（　　　　　　　） 　　　　　　　　　無給（　　　　　　　） ○詳細は、就業規則第　条〜第　条、第　条〜第　条、第　条〜第　条
賃　金	1　基本賃金　イ　月給（　　　　円）、ロ　日給（　　　　円）

※「労働条件通知書」以外の名称であっても、明示しなければならない労働条件が文書で交付されていれば名称は特に問題になりません（雇用契約書、労働契約書など）。

	ハ　時間給（　　　　　　　円）、 ニ　出来高給（基本単価　　　　　　円、保障給　　　　　　円） ホ　その他（　　　　　円） ヘ　就業規則に規定されている賃金等級等 2　諸手当の額及び計算方法 　イ（　　　　　　手当　　　　円　／計算方法：　　　　　　　） 　ロ（　　　　　　手当　　　　円　／計算方法：　　　　　　　） 　ハ（　　　　　　手当　　　　円　／計算方法：　　　　　　　） 　ニ（　　　　　　手当　　　　円　／計算方法：　　　　　　　） 3　所定時間外、休日又は深夜労働に対して支払われる割増賃金率 　イ　所定時間外　法定超　月60時間以内（　　　　）％ 　　　　　　　　　　　　月60時間超　（　　　　）％ 　　　　　　　　　所定超（　　　）％、 　ロ　休日　法定休日（　　　）％、法定外休日（　　　）％、 　ハ　深夜（　　　）％ 4　賃金締切日（　　　　　）－毎月　　日、（　　　　　）－毎月　　日 5　賃金支払日（　　　　　）－毎月　　日、（　　　　　）－毎月　　日 6　賃金の支払方法（　　　　　　　　　　　） 　　7　労使協定に基づく賃金支払時の控除（無　,　有（　　　　）） 　　8　昇給（時期等　　　　　　　　　　　　　　　　　　　　　） 　　9　賞与（　有（時期、金額等　　　　　　　　　）　,　無） 　　10　退職金（　有（時期、金額等　　　　　　　　）　,　無）
退職に関する事項	1　定年制　（　有　（　　歳）　,　無） 2　継続雇用制度（　有　（　　歳まで）　,　無） 3　自己都合退職の手続（退職する　　日以前に届け出ること） 4　解雇の事由及び手続 　（　　　　　　　　　　　　　　　　　　　　　　　　　　　　） 〇詳細は、就業規則第　　条～第　　条、第　　条～第　　条
そ　の　他	・社会保険の加入状況（　厚生年金　健康保険　厚生年金基金　その他（　　　）） ・雇用保険の適用（　有　,　無　） ・その他

※以上のほかは、当社就業規則による。

CHAPTER 2　SECTION | 7 採用内定と労働契約

社会保険・労働保険の手続き　①加入基準

社長Aさん: パートタイマーを新規に採用しました。パートの場合、社会保険と労働保険の加入基準はどうなりますか？

先生: パートタイマーやアルバイトなども、保険加入要件を満たした場合は加入の手続きが必要になります。各保険の加入要件は異なるので、あらかじめ加入基準を押さえておきましょう。

≫ 社会保険の加入基準

社会保険に加入するには、正社員のように継続的な雇用関係があることが大前提です。ただし、社員の雇用形態や雇用期間を基準として社会保険への加入が認められていない**「社会保険の適用除外者」**に該当した場合は、社会保険に加入できません。

> **注意　パートタイマー・アルバイトの社会保険加入基準**
> 対象となるのは「1日または1週間の所定労働時間および1か月の所定労働日数が正社員の所定労働時間・所定労働日数の4分の3以上の人」です。

[社会保険の適用除外者]

原則	例外
❌ 1日単位で雇入れられている人	引き続き1か月以上雇われることになった人はそのときから加入
❌ 2か月以内の期間で雇われている人	決められた期間を超えて引き続き雇われることになった人はそのときから加入
❌ 雇用期間4か月以内の季節的な仕事に雇われている人	当初から継続して4か月を超えて雇われる見込みの人は当初から加入
❌ 雇用期間6か月以内の臨時的事業に雇われている人	当初から継続して6か月を超えて雇われる見込みの人は当初から加入

≫ 労働保険の加入基準

労働保険のうち、労災保険に加入できる社員は「労働者」であるすべての社員です。**雇用保険の加入**は、次の「**雇用保険の適用除外者**」に該当する場合を除いたすべての社員が対象となります。

> **注意 パートタイマー・アルバイトの雇用保険加入基準**
> 対象となるのは
> ①1週間の所定労働時間が20時間以上の人、
> ②31日以上引き続き雇用されることが見込まれる人です。

[雇用保険の適用除外者]

- ❌ **65歳に達した日以後に新規雇用される人**
  ※65歳になる前から同じ会社に引き続き雇用されている場合は除く。

- ❌ **1週間の所定労働時間が20時間未満の人**

- ❌ **同一の事業主に継続して31日以上雇用されることが見込まれない人**

- ❌ **4か月以内の期間を予定して行われる季節的事業に雇用される人**

- ❌ **各種学校の学生または生徒（ただし夜間学校を除く）**

- ❌ **船員であって漁船に乗り組むため雇用される人**
  ※1年を通じて船員として適用事業に雇用される場合を除く。

- ❌ **国、都道府県、市区町村等の事業に雇用される人のうち、離職した場合に他の法令、条例、規則等に基づいて支給を受けるべき諸給与の内容が、雇用保険の求職者給付および就職促進給付の内容を超えると認められる人**

先生の大事なアドバイス

- ☑ 2016（平成28）年10月より、パートタイマーの社会保険の加入基準が拡大される予定です（当初は500人以上の大企業が対象）。
- ☑ パートタイマー本人が社会保険に加入したくない、と言っている場合も加入要件を満たした場合は加入する義務があります。会社ではその旨を説明したうえで加入手続きを行いましょう。

CHAPTER 2　SECTION | 7 採用内定と労働契約

社会保険・労働保険の手続き　②手続きの流れ

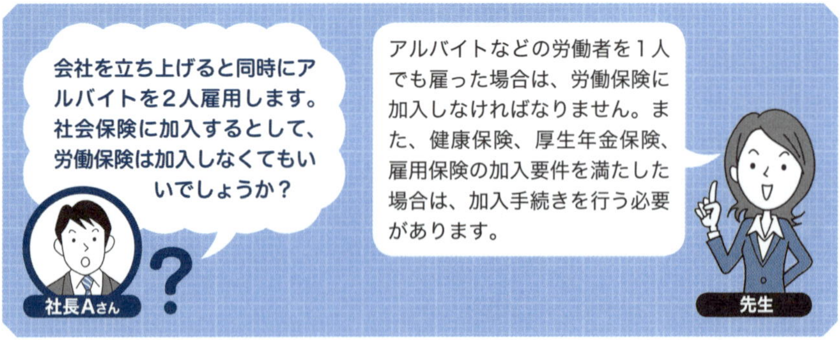

社長Aさん： 会社を立ち上げると同時にアルバイトを2人雇用します。社会保険に加入するとして、労働保険は加入しなくてもいいでしょうか？

先生： アルバイトなどの労働者を1人でも雇った場合は、労働保険に加入しなければなりません。また、健康保険、厚生年金保険、雇用保険の加入要件を満たした場合は、加入手続きを行う必要があります。

≫ 会社が社会保険・労働保険に加入する手続き

　社会保険は、加入が義務づけられている**「強制適用事業所」**と、任意で加入する**「任意適用事業所」**の2種類があります（30ページ参照）。法人であれば、たとえ社長1人でも「強制適用事業所」に該当しますし、**労働者を1人でも雇った場合は労働保険に加入しなければなりません**。

[会社が労働保険・社会保険等に加入するための手続き一覧表]

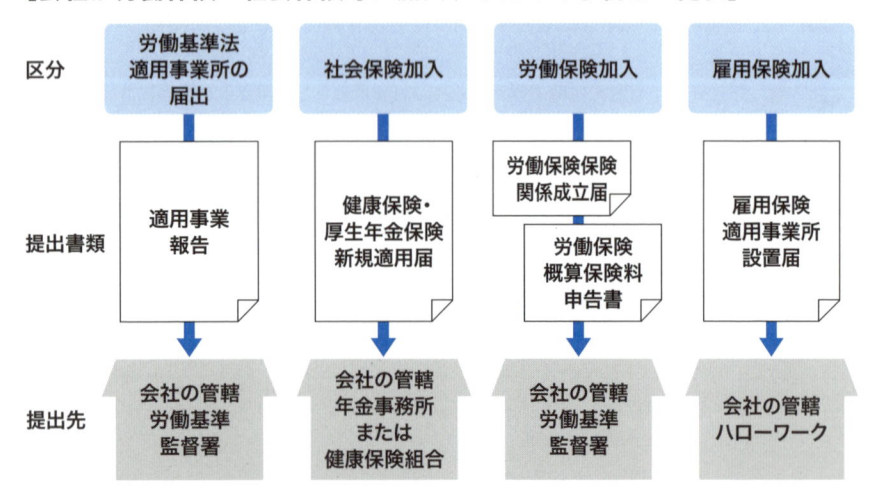

区分	労働基準法適用事業所の届出	社会保険加入	労働保険加入	雇用保険加入
提出書類	適用事業報告	健康保険・厚生年金保険新規適用届	労働保険保険関係成立届／労働保険概算保険料申告書	雇用保険適用事業所設置届
提出先	会社の管轄労働基準監督署	会社の管轄年金事務所または健康保険組合	会社の管轄労働基準監督署	会社の管轄ハローワーク

≫ 社員が入社したときに行う手続き

社員が入社したときは、社会保険や労働保険に加入する手続きを行います。正社員以外の雇用形態でも各保険の加入要件を満たした場合は加入手続きを行わなければなりません。

労災保険は会社単位で加入する保険のため、個別の加入手続きは不要です。**介護保険**は社員が40歳になった時点で自動的に加入する保険のため、加入にあたっての特別な手続きは不要です。ただし介護保険の対象者からは別途「介護保険料」を徴収する必要があります。

> **用語 介護保険**
> 40歳以上の人が保険料を支払い、介護を必要としている人が日常生活を送れるよう社会全体で支援するための保険制度のことをいいます。

[社員が入社したときの手続き]

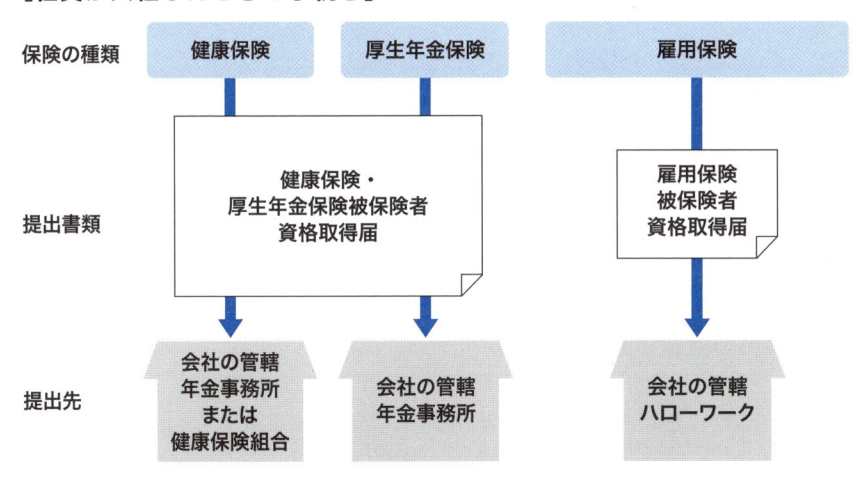

保険の種類	健康保険	厚生年金保険	雇用保険
提出書類	健康保険・厚生年金保険被保険者資格取得届		雇用保険被保険者資格取得届
提出先	会社の管轄年金事務所または健康保険組合	会社の管轄年金事務所	会社の管轄ハローワーク

先生の大事なアドバイス

- ☑ 社会保険料は、社員に支払う給料などの報酬額をいくつかの幅（等級）に区分した仮の報酬月額（標準報酬月額）に当てはめて決められます。例えば健康保険については58,000円（1等級）から1,210,000円（47等級）に区分されています。
- ☑ 入社した社員からの社会保険徴収のタイミングは、原則として入社月の翌月の給料からです。一方、雇用保険料は入社した当月の給料から控除します。

CHAPTER 2　SECTION | 7 採用内定と労働契約

健康診断について

社長Bさん：自分が社員だった頃は会社の健康診断を受けていました。会社が健康診断を実施する必要はあるのですか？

先生：会社が社員を採用したときは、労働安全衛生規則で定められた項目について健康診断を実施することが義務づけられています。なお、パートやアルバイトの場合であっても一定の要件を満たす場合は、健康診断を受診させなければなりません。

雇入れ時の健康診断について

会社は社員を採用したときは、**雇入れ直前または雇入れ直後に雇入れ時健康診断を実施することが義務づけられています**（「労働安全衛生規制第43条」）。

ただし、採用前3か月以内に医師による健康診断を受けていた場合は、健康診断結果を会社に提出すればその受診項目について省略することができます。

[雇入れ時の健康診断項目の例]

- □ 既往歴および業務歴の調査
- □ 自覚症状および他覚症状の有無の検査
- □ 身長、体重、腹囲、視力および聴力検査
- □ 胸部エックス線検査
- □ 血圧の測定
- □ 貧血検査
- □ 肝機能検査
- □ 血中脂質検査
- □ 血糖検査
- □ 尿検査
- □ 心電図検査

5年保存

会社は健康診断の結果を「健康診断個人票」に記入し、5年間保存する義務がある。

≫ パートタイマーやアルバイトの場合

パートタイマーやアルバイトであっても、次の2つの要件を満たす場合は、会社として健康診断を受診させる必要があります。

[健康診断が必要なパート・アルバイト]

契約期間を定めていない or 1年超

通常労働者の $\frac{3}{4}$ 以上

雇用期間の定めのない者
(①雇用期間の定めはあるが、契約の更新により1年以上使用される予定の者、②雇用期間の定めはあるが、契約の更新により1年以上引き続き使用されている者、を含む)

1週間の所定労働時間が、同種の業務に従事する通常の労働者の4分の3以上である者
(概ね2分の1以上であるときは実施することが望ましいとされている)

≫ その他、健康診断実施における注意点

健康診断に関する注意には以下のことが挙げられます。

① 健康診断の費用は原則として全額会社が負担(会社に実施義務があるため)。

② 雇入れ後も在籍している社員について、少なくとも年1回健康診断(定期健康診断)を実施しなければならない。こちらも費用は原則として会社が全額負担。

③ 「雇入れ時健康診断」「定期健康診断」を受診した時間については、必ずしも給料を支払わなくてもよい。ただし、仕事による危険や障害を予防することを目的として実施が義務づけられている「特殊健康診断」に要する時間は給料を支払う義務がある。

先生の大事なアドバイス

☑ 直近の定期健康診断などの結果、脳・心臓疾患を発症する危険性が高いと判断された労働者に対しては、2次健康診断などを無料で受けられる制度があります。

Column 2

人材採用を促進する助成金制度とは

◎ 助成金制度とはどういうものか?

助成金とは、一般的に厚生労働省の管轄で取り扱っている返済不要の給付金をさしていいます。助成金の財源は会社が支払っている雇用保険料の一部から出ているため、雇用保険の適用事業主であり、受給要件を満たした場合は助成金を受給できる可能性があります。

助成金は「労働者を雇入れる場合」「労働者の雇用を維持する場合」「再就職支援などを行う場合」「労働者の能力開発を行う場合」「労働者の雇用管理改善を行う場合」「仕事と家庭の両立支援などに取り組む場合」など、それぞれのケースに応じて種類が定められています。

◎ 採用時に受給できる助成金について

労働者を雇入れる場合に受給できる助成金は、それぞれ受給要件や受給金額が異なるので、事前にハローワークなどの窓口に問い合わせておきましょう。なお、社員の解雇や会社都合退職がある場合は助成金の受給要件から除外されることがあるので注意してください。

助成金名	概　要	問い合わせ先
特定就職困難者雇用開発助成金 (特定求職者雇用開発助成金)	障がい者、高齢者(60～64歳)などをハローワークなどの紹介により継続して雇用する労働者として雇入れた場合、賃金相当額の一部を助成する	都道府県労働局・ハローワーク
高年齢者雇用開発特別奨励金 (特定求職者雇用開発助成金)	65歳以上の離職者をハローワークなどの紹介により所定労働時間が週20時間以上の1年以上雇用する労働者として雇入れた賃金相当額の一部を助成する	
派遣労働者雇用安定化特別奨励金	派遣先である事業主が受け入れている派遣労働者を直接雇入れる場合に派遣先である事業主に対して助成する	
試行雇用奨励金 (トライアル雇用奨励金)	職業経験、技能、知識などから就職が困難な特定の求職者層等についてトライアル雇用を実施した場合に助成する	

CHAPTER 3
労使トラブルに負けないために!

SECTION 1	勤務時間、休日、休暇をめぐるトラブル対策
SECTION 2	服装、髪形、勤務態度をめぐるトラブル対策
SECTION 3	給料の減額、賞与、手当の支払いをめぐるトラブル対策
SECTION 4	退職、解雇をめぐるトラブル対策

CHAPTER 3　SECTION | 1　勤務時間、休日、休暇をめぐるトラブル対策

社員から残業代の支払いを請求されたら　①残業の定義など

社長Aさん： 繁忙期には、社員に残業をしてもらいたいです。残業時間の上限はあるのでしょうか？

先生： 残業時間にも限度の基準があり、厚生労働省が告示しています。原則としてこの限度基準を超えて残業をさせることはできませんが、例外として「特別条項付協定」を締結すれば、限度基準を超えて残業させることも可能です。

≫ 残業の定義とは

　残業とは、「会社で決められた所定労働時間」を超えて働くことをいいます。一方で労働基準法は、1週間に40時間を超えて、または1日に8時間を超えて労働をさせることはできないと定めています。

　割増賃金、いわゆる残業代とはこの**「法律で決められた時間（法定労働時間）」を超えて働かせた場合に支払う賃金**です。

　また、休日については毎週少なくとも1回または4週間を通じ4日以上の休日を与えなければなりません。しかし、次の手続きを行った場合は例外として残業や休日労働をさせることが可能となります。

> **【用語】法定労働時間**
> 労働基準法で決められた労働時間で、1週40時間以内・1日8時間以内。

> **【補足】法定労働時間の例外**
> 商業・映画・演劇業・保健衛生業・接客娯楽業で社員数が10名未満である業種は、例外として1週間の上限時間が44時間まで認められています。

手続き1 ▶ あらかじめ労働契約、就業規則などで残業することが明記されていること

手続き2 ▶ 残業、休日出勤を行う予定がある、という届出（時間外労働・休日労働に関する協定届）を事前に労働基準監督署に提出しておくこと

≫「時間外労働・休日労働に関する協定届」とは

　法定労働時間を超えて残業をさせる場合や休日労働をさせる場合は、あらかじめ「時間外労働・休日労働に関する協定届」を会社の管轄の労働基準監督署へ提出しなければなりません。これは、**労働基準法第36条により締結する労使協定のため、「36協定」（サブロク）と呼ばれています**。ただし、「36協定」を提出したからといって、際限なく残業させていいというわけではありません。残業時間にも限度時間が設けられているので、<u>限度時間を超えない</u>ように注意してください。

> **補足　限度時間が適用されない事業**
> 次の事業については、時間外労働の限度時間が適用されません。
> ①建設・土木・電気工事・機械据付の業務
> ②自動車の運転業務
> ③新技術、新製品等の研究開発の業務
> ④造船事業・郵政事業の年末年始業務、電気・ガス事業の一部（ただし1年の限度基準は適用）

[残業時間の限度]

期間	限度時間
1週間	15時間（14時間）
2週間	27時間（25時間）
4週間	43時間（40時間）
1か月	45時間（42時間）
2か月	81時間（75時間）
3か月	120時間（110時間）
1年	360時間（320時間）

※（　）は対象期間が3か月を超える1年単位の変形労働時間制をとる場合

36協定では、①時間外労働・休日労働の具体的な事由、②業務の種類、③労働者の数、④延長できる時間や休日労働させる日数などについて定めることになる。

（吹き出し：具体的事由は？／業務の種類は？／労働者は何人必要？／時間・日数は？）

先生の大事なアドバイス

☑「36協定」には有効期間を記載する欄があるため、有効期間が切れると効力がなくなります。有効期間が切れる前に更新手続きを行いましょう。

☑ 繁忙期など特別な事業がある場合、「特別条項付協定」を締結することで時間外労働の限度時間を超えて残業をさせることが可能です。ただし、あくまでも臨時的なものでなければ認められませんので、特別条項には、具体的な理由を明記する必要があります。

CHAPTER 3　SECTION｜1　勤務時間、休日、休暇をめぐるトラブル対策

社員から残業代の支払いを請求されたら　②残業代の計算など

社長Aさん: 残業代の計算はどのようになりますか？　また深夜や休日に労働させた場合で計算は変わるのでしょうか？

先生: 労働基準法で決められた時間（法定労働時間）を超えて働かせた場合は25％以上、法定休日に働かせた場合は35％以上、深夜（午後10時から午前5時）に働かせた場合は25％以上の割増率を通常の賃金に上乗せして支払う必要があります。

≫残業代の計算方法と手当について

　残業代は、原則として社員が働いた時間に応じた賃金を支払わなければなりません。ただし、割増賃金は労働基準法で決められた時間（法定労働時間）を超えて働かせた場合に支払います。

　また、残業手当は、割増賃金の基礎となる賃金（1時間あたり）を算出し、その賃金に割増率を乗じて計算します。なお、一部の手当については賃金から除外することが認められています。

残業分の給料は支払われるが、法定労働時間を超えない限り割増賃金は支払われない。

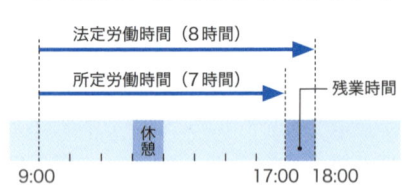

法定労働時間（8時間）
所定労働時間（7時間）
残業時間
休憩
9:00　　　　　　　　　17:00　18:00

例　割増賃金の基礎となる賃金の算出例 ＝ (基本給＋技術手当＋資格手当＋役職手当) ／ 月平均所定労働時間数

[残業代から除外される手当]

① 家族手当
② 通勤手当
③ 別居手当
④ 子女教育手当
⑤ 住宅手当
⑥ 臨時に支払われた賃金
⑦ 1か月を超える期間ごとに支払われる賃金

補足　「○○手当」となっていてもNGの場合
割増賃金の基礎となる賃金から除外できる手当か否かは、実態に基づいて判断されます。「住宅手当」という名称であっても、すべての社員に支払われる一定額の手当の場合は除外されません。なお、「割増賃金の基礎となる賃金から除外できる手当」は、労働基準法施行規則第21条で定められています。

[残業代の種類と割増率]

区分	種別	割増率
1	**法定時間内の残業** ※1日8時間以内、1週40時間以内の時間外労働をした場合	0％以上
2-A	**法定時間外の残業** ※1日8時間以上、1週40時間以上の時間外労働をした場合	25％以上
2-B	**法定時間外の残業** ※1か月間の残業時間が60時間を超えた場合 (中小企業は猶予措置あり*1)	50％以上 または 代替休暇を付与*2
3	**深夜労働** ※午後10時から翌午前5時までの間で労働した場合	25％以上
4-A	**休日労働** ※法定休日（4週4日の休日）以外の休日に労働した場合	25％以上
4-B	**休日労働** ※法定休日に労働した場合	35％以上
5-A	**時間外労働＋深夜労働**	50％ (25+25) 以上
5-B	**時間外労働＋深夜労働** ※1か月間の残業時間が60時間を超えた場合 (中小企業は猶予措置あり*1)	75％以上 または 代替休暇を付与*2
6	**時間外労働＋休日労働**（休日労働の割増率が優先される）	35％以上
7	**深夜労働＋休日労働**（「4-B」の場合)	60％ (25+35) 以上

*1 平成22年4月1日施行の労働基準法の改正により、1か月の残業時間が60時間を超える場合の割増賃金率が25％から50％へ引き上げられた。ただし一定の範囲の中小企業に該当する場合は適用が猶予される。

*2 1か月60時間を超える時間外労働を行った労働者に対して、引き上げ分（25％→50％の差25％について）の割増賃金の支払いに代えて代替休暇を付与することができる（ただし、労使協定の締結が必要）。
　　例　1か月76時間行った場合
　　　　76－60=16（時間）の引き上げ分25％ → 16×0.25＝4時間分の代替休暇を付与する

CHAPTER 3　SECTION | 1　勤務時間、休日、休暇をめぐるトラブル対策

管理職には残業代を支払わなくてもいい？

社長Cさん: 管理職には残業代は支払わなくていいと聞きましたが、本当ですか？

先生: 労働基準法上の「管理監督者」に該当する管理職であれば、労働基準法の「労働時間」「休憩」「休日」の規定から適用が除外されているため、残業代を支払わなくてもよいということになります。ただし、管理職であれば誰でも該当するわけではないので注意してください。

≫ 残業代が不要な管理職とは

一般に**「管理職には残業代を支払わなくてもよい」**といわれていますが、残業代を支払わなくてよいのは労働基準法第41条2号で**「監督もしくは管理の地位にある者（以下、管理監督者）」と決められている管理職**に該当した場合に限ります。ただし、管理監督者であっても深夜労働については適用除外となっていないため、深夜労働に対する割増賃金の支払いは必要となります。

注意：管理監督者と役職の肩書きは違う

管理職であれば必ずしも残業代を支払わなくてもいいというわけではありません。「店長」「課長」などの肩書がついていても、一般社員と同様の労働をしている場合は管理監督者には当てはまらないため、残業手当の支給対象となります。

労働基準法
・「労働時間」
・「休日」　のルール
・「休憩」

社員

ルール適用外＝残業代は支払われない

部長　工場長

管理監督者であっても、深夜残業については支払われる

》》管理監督者の判断基準

　管理監督者として認められる管理職の基準は、**経営者に立場が近い部長や工場長といった上位の管理職**が該当するとされています。

　下記は「多店舗展開する小売業、飲食業などの店舗における管理監督者の範囲の適正化について」として通達されていますが、他業種においての管理監督者の判断要素としても参考になります。自社の管理職の取り扱いが法律に抵触していないかどうか、見直しをする際の参考にしてみてください。

[多店舗展開する小売業や飲食業などで管理監督者と見なされない判断要素]

項目	判断要素
職務内容、責任と権限	・アルバイト・パートなどの採用について責任と権限がない ・アルバイト・パートなどの解雇について職務内容に含まれず、実質的にも関与しない ・部下の人事考課について職務内容に含まれず、実質的にも関与しない ・勤務割表の作成、所定時間外労働の命令について責任と権限がない
勤務態様	・遅刻、早退などにより減給の制裁、人事考課での負の評価など不利益な取り扱いがされる ・労働時間に関する裁量がほとんどない ・部下と同様の勤務態様が労働時間の大半を占めている
賃金等の待遇	・基本給、役職手当などの優遇措置が十分でない ・1年間に支払われた賃金額が他店舗を含めた当該企業の一般労働者の賃金総額と同等以下である ・時間単価換算した場合にアルバイト・パートなどの賃金額に満たない ・時間単価換算した場合に最低賃金額に満たない

（平成20年9月9日　基発第0909001号）

先生の大事なアドバイス

- ☑ 管理監督者であっても、有給休暇の規定は対象となるため、有給休暇の付与を行う必要があります。
- ☑ マクドナルドや紳士服のコナカの店長による残業代請求が行われたいわゆる「名ばかり管理職」問題。「名ばかり管理職」とは、十分な権限や裁量もないのに管理職として扱われ残業代を支給されないまま長時間労働させられる社員のことをいいます。自社の管理職が「名ばかり管理職」に該当していないか要件のチェックが必要です。

CHAPTER 3　SECTION | 1　勤務時間、休日、休暇をめぐるトラブル対策

突然、有給休暇を取りたいと言ってきたら　①扱い方など

社長Cさん： パートタイマーからの有給休暇の申請は、無視してもよいですか？　また、社員が有給を取った場合の給料はどのように計算するのでしょうか？

先生： パートタイマーも労働基準法上の「労働者」に該当するため、有給休暇の取得要件を満たした場合は当然に有給休暇を与えなければなりません。また、有給休暇を取った場合の給料は月給制の場合は欠勤控除を行わず、通常勤務した場合と同額の給料を支給します。

≫ 有給休暇の基本ルール

労働基準法では、**正社員はもちろんのこと、契約社員やアルバイト・パートタイマーなど「6か月間継続的に勤務し、**全労働日**の8割以上出勤した労働者」に対して、有給休暇を与えなければならない**と定めています。

有給休暇の付与日数は、勤続年数に応じて決定されます。ちなみに**有給休暇の時効は2年**となっているため、有給休暇が発生した年に使用しなかった有給休暇は翌年度に限り繰り越すことが可能です。

【用語】全労働日
休日を含めないで、出勤義務のある日のこと。有給休暇の付与要件となります。

アルバイト／パート
・1週間の所定労働時間が30時間未満
＋
・所定労働日数が週4日以下または年間所定労働日数が216日以下

アルバイト・パートタイマーは、付与日数が正社員と異なる。

≫ 有給休暇を取得した場合の給料とは

社員が有給休暇を取得した場合の給料は、「**平均賃金**」「通常の賃金」「健康保険の標準報酬日額」のいずれかの方法で計算します。実務的には、月給制の場合は欠勤控除を行わず、**通常勤務した場合と同額の給料**

【用語】平均賃金
いわゆる社員の1日あたりの給与額のこと。算定する事由が発生した日の直前3か月前に支払われた給料総額をその3か月の全労働日の総数で割り、算出します。

を支給します。アルバイトやパートタイマーの場合は、有給休暇を取得した日について雇用契約書で定めた所定労働時間分の給料額を支給します。

[有給休暇を使ったアルバイトの給料の算出方法]

例
勤務時間：1日10時〜17時 （6時間勤務：休憩1時間）
時給：1000円の場合

➡ @1000円×6時間＝6000円

[アルバイト・パートタイマーの有給休暇付与日数]

週所定労働日数	4日	3日	2日	1日
年間所定労働日数	169〜216日	121〜168日	73〜120日	48〜72日
勤続年数6か月	7日	5日	3日	1日
勤続年数1年6か月	8日	6日	4日	2日
勤続年数2年6か月	9日	6日	4日	2日
勤続年数3年6か月	10日	8日	5日	2日
勤続年数4年6か月	12日	9日	6日	3日
勤続年数5年6か月	13日	10日	6日	3日
勤続年数6年6か月以上	15日	11日	7日	3日

[一般社員の有給休暇付与日数]

勤続年数	6か月	1年6か月	2年6か月	3年6か月	4年6か月	5年6か月	6年6か月以上
付与日数	10日	11日	12日	14日	16日	18日	20日

> **先生の大事なアドバイス**
>
> ☑ 有給休暇は、労働基準法第39条でその条件と付与日数が、また時効（2年間）については第115条において定められています。
>
> ☑ 有給休暇の買い上げは行政通達で禁止されています。ただし、退職時における未消化の有給休暇や、時効による権利が消滅する場合会社の規定に定めてあるなど一定の要件が満たされている場合は、社員と話し合いのうえ、買い上げることも可能です。

CHAPTER 3 労使トラブルに負けないために！

CHAPTER 3　SECTION | 1　勤務時間、休日、休暇をめぐるトラブル対策

突然、有給休暇を取りたいと言ってきたら　②例外など

社員Aさん： 社員の有給休暇の申請について、繁忙期を理由に断ることは可能ですか？

先生： 有給休暇の取得時期は原則として社員が自由に決めることができますが、繁忙期で業務が滞り会社に大きな影響を与える場合は、会社が取得する時期を変更することができます（時季変更権）。ただし、単に忙しいからという理由だけでは時期を変更することはできません。

≫ 有給休暇の取得時期の原則と例外

　有給休暇は、原則として社員が自由に好きな時期に取得することができます。有給休暇を取得する理由も自由ですので、**理由によって取得を許可制にすることや忙しいからといって有給休暇を取らせない、ということはできません。**

　ただし例外として、業務に影響が出てしまう場合に、会社が有給休暇の取得をほかの時期に変更することができます（**時季変更権**）。なお、この時季変更権は「事業の正常な運営を妨げる場合」とされているため、よほどの影響が見込まれる場合に限られており、実務上は会社と社員との話し合いで取得時期の変更を決めます。

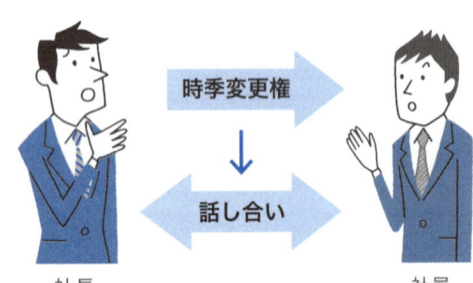

時季変更権は、よほどの影響が見込まれない限りはほぼ行使できないと考えよう。実際は社員と話し合いをして歩み寄ることになる。

≫ 有給休暇の計画付与とは

　有給休暇の「**計画的付与**」とは、社員が取得できる有給休暇のうち5日を超

える日数分について、**会社側が日にちを指定して与えることができる制度**のことをいいます。実務的には、事業所が定めたゴールデンウィークや夏休みなどの休暇に計画付与日を設けて長期休暇としているケースが見られます。この制度は、全員同じ日でも別々でも自由に設定できます。

> **注意　計画的付与の利用**
> 計画的付与の制度を利用する場合は、「有給休暇のうち5日は本人が自由に使えるようにしておくこと」「労使協定で具体的な内容を定めておくこと」が必要です。

▶▶ 有給休暇の付与単位

　有給休暇は原則として「1日単位」で与えますが、就業規則などで半日単位で与えることを認めている場合は、それも可能です。

　<u>労使協定を締結した場合は、1年に5日以内の範囲であれば「時間単位」で付与することも可能</u>です。ただし時間単位で取得するかどうかは社員が自由に選択でき、1日単位で取得することを希望した場合は会社が時間単位に変更することはできません。加えて、必ずしも時間単位で付与しなければならないわけではないので、労使で話し合ったうえで制度を導入するかどうかを決定してください。

> **補足　有給休暇の時間単位の付与制度**
> あらかじめ労使協定で対象者の範囲や付与日数、1日の時間数などについて定める必要があります。

どっちをえらぶ？

就業規則を定めている場合
半日単位の付与が可能
※ただし、午前休・午後休の別、計算方法の取り決めが必要。

労使協定を締結した場合
1年に5日以内であれば時間単位で与えることも可能

先生の大事なアドバイス

☑ 有給休暇の時効は2年となっているため、通常は前年度からの繰り越し分から先に取得します。ただし、就業規則で明確に「当年度から取得する」と定めた場合は、当年度から取得することも可能です。なお、この場合は、社員の手持ちの有給休暇の残日数が少なくなるため会社にとっては有利な制度となります。

☑「有給休暇の計画的付与」「有給休暇の時間単位付与」に必要な労使協定は、労働基準監督署への届出は不要です。作成した労使協定は、会社で保管しておきましょう。

CHAPTER 3　SECTION | 2　服装、髪形、職務態度をめぐるトラブル対策

社員がジーンズにサンダルで会社に出社してきたら

社長Cさん: 内勤社員がジーンズにサンダルで出社してきました。どのような対応をするべきですか？

先生: 勤務時に社員がどのような服装をしなければならないのか、あらかじめ具体的に服装の基準を就業規則の服務規律に定めておきましょう。服装の基準に違反している社員には、服務規律を根拠として口頭注意を行うようにしてください。

≫ 勤務中の服装

　原則として、**服装や髪形などは人格や表現の自由に関することのため、他者が干渉することは認められません**。ただし勤務時間中の服装については、雇用契約を締結していることにより社員には会社の信用維持に関わる事項を守らなければならない義務があります。

　したがって、仕事をするのにふさわしい服装を心がけ、他人に不快感を与える服装や行動は避ける必要があります。

　会社としては、明確なルールは定めていなくても常識の範囲内で仕事にふさわしい服装を心がけてほしいところですが、社員個人の判断に任せると会社側が意図しない服装で出社してくることも最近では多いようです。

　<u>トラブルが起こらないよう、あらかじめ会社側が対策しておくことが必要</u>となります。

> **補足　「○○禁止」を明確に！**
> 会社側としては、「ジーンズ禁止」「サンダル禁止」「Tシャツ禁止」「金髪禁止」など、どのような服装を求めているのか、また、どのような服装は禁止されているのか、まずは明確にしておくことが望まれます。

≫ 服務規律やルールブックへの明記

　「仕事をするのにふさわしい服装」「他人に不快感を与えない服装」といった、

社員が守らなければならないルールは、就業規則の<u>服務規律</u>に明記します。また、日常的な細かい社内ルールについては、就業規則とは別にマナーブックやルールブックなどを作成してもよいでしょう。

ルール違反をしている社員には、服務規律やルールブックの基準を根拠に口頭注意を実施したうえで、そのつど改善を指導してください。なお、何度指導しても改善されない場合は、<u>懲戒処分</u>を行うことも検討する必要があります。

> **用語 服務規律**
> 「仕事に対する心構え」「守るべきルール」「会社の信用を傷つけない」「仕事上知った機密を漏らさない」「セクハラ禁止」「無断副業禁止」など会社で守るべきルールのこと。

> **用語 懲戒処分**
> 懲戒処分とは服務規律に違反した場合に与える罰のことをいい、「譴責(始末書を書かせる)」「減給」「出勤停止」「降格」「解雇」などの種類があります。ただし、ルール違反の程度に比較して重すぎる処分を行うと懲戒処分自体が無効になってしまうため、起こした問題行動の種類と程度による適切な処分を行う必要があります。

CHAPTER 3 労使トラブルに負けないために!

[服務規律の規定例]

服務規律

① 社員は、仕事をするのにふさわしい服装を心がけることとし、ジーンズやサンダルを履いて勤務してはならない

② 社員は、髭を伸ばして勤務してはならない

③ 社員は、髪の毛を黒以外の色に染めて勤務してはならない

OFF 休日はジーンズ・Tシャツ・サンダルでもOK

ON 勤務中は服務規律を守ればOK

先生の大事なアドバイス

☑ 性同一性障がい者である男性が女装して出勤したところ、業務命令違反で懲戒解雇されたケースでは、会社が労働者に対し女性の容姿をして就労しないよう求めること自体は一応理由があるとしつつも、企業秩序または業務遂行に著しい支障をきたすとはいえないとして懲戒解雇を無効とした判例があります(性同一性障がい者解雇事件:東京地裁平成14年6月20日)。

CHAPTER 3　SECTION | 2　服装、髪形、職務態度をめぐるトラブル対策

社員が上司の指示に従わなかったら

社長Aさん： 社員が残業をしたくないと拒否するのですが、どのように対応したらよいのでしょうか？

先生： 社員には会社の業務命令に従う義務があるため、業務上必要な場合に上司から残業を命じられた場合は理由なく残業を拒否することはできません。社員が反抗的な態度をとる場合は口頭注意を行い、それでも改善されない場合は、懲戒処分も検討してください。

≫ 業務命令とは

　社員は、会社と労働契約を締結することで労働を提供し、また使用者の業務命令に従う義務を負います。**業務命令は会社が社員に対して業務を遂行するうえで必要な命令**で、具体的には日々の仕事の指示命令や<u>残業命令</u>など上司が部下に対して行う命令のことです。

　就業規則の服務規律にも、「職場では上司や責任者の指示命令に従い、業務に専念すること」「会社の命令、注意、通知事項を遵守すること」といった項目を明記します。

> **補足　残業命令が正当となる要件**
> 業務命令で残業を命じるためには、
> ①労働協約・就業規則・労働契約のいずれかに、残業を命じる旨の定めがある
> ②書面による36協定を締結し、労働基準監督署へ届け出ていることがあらかじめ必要です。

≫ 業務命令違反をした場合の対応方法

　社員は、上司からの命令で残業を命令された場合、その残業に必要な手続きが行われていて、かつ、業務上必要な場合は、育児や介護などの特別な事情がない場合、**理由なく残業を断ることはできません。**

　また、業務命令に対して反抗的な態度をとる社員がいる場合は、周囲への悪影響も考えられるため毅然とした態度で口頭注意を実施し、改善されない場合

は就業規則の服務規律と<u>懲戒規定</u>（ふくむきりつ）（ちょうかい）の定めにより、懲戒処分を行うことになります。

必要な手続き

就業規則による規定 ＋ 36協定（サブロク） ＝ 残業命令に従う義務
やむをえない場合を除く

やむをえない場合とは、家族の介護や通院などをいいます！

残業を命令された場合、その残業に必要な手続きが行われていて業務上必要な場合は、理由なく残業を断ることはできない。

> **［用語］懲戒規定**
>
> 懲戒処分の根拠となる規定のこと。就業規則で懲戒規定が定められていない場合は懲戒することができないため、就業規則の作成義務がない10人未満の会社でも就業規則を作成して懲戒に関する規定を定めておく必要があります。規定のランクとして譴責（始末書を書かせる）、減給、出勤停止、降格、解雇などを設けておきます。

≫ 懲戒処分を行う場合

業務命令違反に対する、懲戒処分の有効性についての最終的な判断は裁判などで行われますが、過去の判例からは**「業務上の必要性」「内容の相当性」「対象者の人選の合理性」「手続きの相当性」**などを考慮したうえで、社員がこれらの命令を拒否する正当な理由があったかどうか、また社員に対して著しい不利益を与えるものではなかったか、という基準により判断されます。

いずれにせよ、業務命令違反の程度に応じて適切な懲戒処分を行う必要があります。

先生の大事なアドバイス

☑ 社員が上司の指示する職務の分担を受け入れようとせず、上司の度重なる注意にもかかわらず、同僚への協力を拒否し続けて同僚へ残業を押しつけたことに伴い解雇処分をしたケースでは、一定の合理性を認め、本件の解雇には合理的な理由があり、社会通念上も相当ということができ、解雇権の濫用にあたるとはいえないとし、解雇を有効と判断した判例があります（英光電設事件：大阪地方裁判所平成19年7月26日）。

☑ 全国に営業所をもつ企業において、転勤命令を受けた社員がこれを拒否した際に懲戒解雇を行った事件では、就業規則には転勤命令ができる旨の定めがあり、社員の入社の際にも勤務地を限定する旨の合意がなかったという理由から、家庭生活上の不利益についても通常甘受すべき程度であることから懲戒解雇を有効と判断した判例があります（東亜ペイント事件：昭和61年7月14日）。

CHAPTER 3　労使トラブルに負けないために！

CHAPTER 3　SECTION | 2　服装、髪形、職務態度をめぐるトラブル対策

欠勤や遅刻が多い社員へはどう対応する？

社長Cさん: 欠勤や遅刻が多い社員がいます。こういった社員への対応方法はどうしたらよいですか？

先生: 欠勤や遅刻があったときには、必ず口頭注意を行ってください。なお口頭注意をしても改善されない場合は、懲戒処分を検討します。通常、欠勤や遅刻といった軽微な違反は「譴責」などの軽い処分を行いますが、それでも改善しない場合は徐々に重い処分へ移行させます。

≫ 欠勤や遅刻が多い社員への対応方法

「欠勤や遅刻が多い」「勤務態度が悪い」という理由だけでは、すぐに社員を解雇することはできません。まずは**欠勤や遅刻があったタイミングで社員本人に「口頭注意」を行うことを徹底してください。**注意をしないと、本人に自覚がない場合は問題行動の改善を期待することはできず、自覚がある場合でも「注意されないから大丈夫」と、ますます問題行動を助長させてしまいます。

口頭注意のポイント
口頭注意では、併せて本人の話を聞く機会を設けましょう。問題行動を起こす理由や言い分があり、話を聞くと問題が改善する場合もあります。

≫ 口頭注意をしても問題改善しない場合

口頭注意をする際は、その内容を記録しておきます。この記録が、後々トラブルになった際に必要な証拠書類となります。なお、度重なる口頭注意でも欠勤や遅刻が改善しない場合は、**就業規則の服務規律と懲戒規定に基づいて懲戒処分を行います。**

時系列に

口頭注意は、いつ、どんなときに問題行動があり、どのような口頭注意を行ったかを時系列で記録する。

≫ どんな懲戒処分を行ったらよいか

通常「遅刻」のような軽微な違反の場合は、下のような「譴責処分（始末書の提出）」などの比較的軽い処分を実施し、しばらく様子を見て、それでも改善しない場合は次第に重い処分に移行します。最終的には解雇処分が有効となる場合もあります。その際は、前述した記録（証明）が大事な判断要素となります。

［始末書の書式例］

平成●●年 10 月 14 日

株式会社　エミリオ販売
代表取締役　田中　広一　殿

　　　　　　始　末　書

　私は、平成●●年 8 月から約 2 か月の間にわたり、自らの不注意で遅刻を 6 回繰り返しました。これは、社会人としての意識が足りず、職務に対する私の甘さに原因があり、社会人として恥ずべき行為と深く反省しております。今後は、生活態度を改め二度とこのようなことのないことを誓いますので、なにとぞ、寛大なご処置を賜りたく、よろしくお願い申し上げます。

　　　　　　　　　　　　　　氏名　　林田　一平　㊞

先生の大事なアドバイス

☑ 始末書は本人の自発的な反省に基づく書類のため、始末書を書かせる場合は、①ひな形に合わせるような強要はしない、②会社が納得のいくような内容を何度も書き直しをさせたりしない、③無理やり書かせない。無理やり書かせたと意識させるような言動をとらない、④業務改善のために必要であることをよく説明する、といった点に注意する必要があります。

CHAPTER 3　労使トラブルに負けないために！

CHAPTER 3 　SECTION｜3　給料の減額、賞与、手当の支払いをめぐるトラブル対策

社員の給料を下げたい場合

社長Aさん: 社員の能力が低いと判断した場合、給料を下げることは可能でしょうか？

先生: 原則として給料を下げる場合は、本人の同意を得たうえで変更しなければなりません。ただし、社員が同意しない場合であっても、就業規則などに根拠が明記されており、給料を下げることが合理的な場合は会社が一方的に給料を下げることができます。

≫ 労働条件を変更する場合の原則とは

　原則として、**会社が一方的に社員の給料を下げることはできません**。給料や労働時間など現在の**労働条件を変更**する場合は、本人に給料を下げる理由を説明したうえで、同意が必要となります。

　なお、会社としては同意をとったつもりでも法的には同意として評価されないケースもあります。一方的に変更を伝えるのではなく、社員の同意を得るなどの対応を行ってください。

> **注意 すぐに変更できる？**
> 労働条件が下がる場合は、変更の時期についても一定の検討期間や移行期間を設けるなどの配慮が必要になります。

君は仕事が遅いから給料を下げさせてもらうよ

一方的な実施はできない

→ 給料を下げる具体的な証明を提示し、本人の同意を得る
＋
労働条件の変更内容を本人に伝え、新しい労働条件通知書を作る

本人の同意を得られればOK

▶▶本人が同意しない場合の対応方法

　本人が給料が下がることに同意しない場合、例えば「管理職としての役割が果たせないから」「期待した仕事ができないから」「会社の経営が厳しいから」という理由で会社が一方的に給料を下げることができるのでしょうか？

　労働契約法では、給料を下げる根拠が就業規則に明記されており、かつ、給料を下げることが「合理的」である場合は、本人の同意なく給料の変更が可能であると定めています。具体的には、あらかじめどのような場合に給料が変更になる可能性があるのかが明確になっていて、**その内容が合理的である場合は、本人の同意なく一方的に給料を下げることが可能**です。

　例えば、管理職の役職を降格し、それに伴い役職手当を減額するような場合は、就業規則などに「降格」と「役職手当」の支給根拠について明記しておく必要があります。

> **法律で基準が明記されているわけではない**
> 給料を下げる理由が「合理的」であるかどうかの基準は、特に法律で定められているわけではありません。そのため、個々のケースに応じて判断する必要があります。

給料を下げる合理性を証明するためには、就業規則には降格の要件、役職手当支給の要件のほか、役職の能力要件が明記されていることが望ましい

就業規則
- 降格の要件
- 役職手当支給の要件
- 役職能力の要件

先生の大事なアドバイス

- ☑ 労働契約法第8条では、「労働者及び使用者は、その合意により、労働契約の内容である労働条件を変更することができる」と定めています。また、労働契約法第9条では「使用者は、労働者と合意することなく、就業規則を変更することにより、労働者の不利益に労働契約の内容である労働条件を変更することはできない」と定めています。
- ☑ 労働契約法第10条は、「就業規則の変更に係る事情に照らして合理的なものであるときは、労働契約の内容である労働条件は、当該変更後の就業規則に定めるところによるものとする」としています。

CHAPTER 3　SECTION | 3　給料の減額、賞与、手当の支払いをめぐるトラブル対策

家族手当や住宅手当を支給する範囲

社長Bさん: 家族手当や住宅手当の支払い基準はどのように取り決めればよいでしょうか？

先生: 家族手当や住宅手当は、支給するかどうかを会社で自由に決めることができます。なお、手当を必要以上に払ってしまった場合などのトラブルを防ぐためにも、あらかじめ給与規定に支給対象者、手当金額などを明記しておく必要があります。

家族手当や住宅手当の意義

<u>家族手当や住宅手当</u>は、法律上支給が義務づけられているものではありません。会社の福利厚生のひとつとして支給する会社もありますが、**支給の有無は会社で自由に決めることができます。**

補足　各種手当の意味は？
家族手当は、配偶者や子どもなどがいる社員に、基本給に上乗せして支給されます。住宅手当は、家賃補助の目的で基本給に上乗せして支給されます。額は一律にしている会社が多いようです。

家族手当や住宅手当の支給範囲

家族手当や住宅手当を支給する場合は、会社の給与規定において**支給対象となる社員の範囲や手当の金額、過払いの際の返還請求について明記**しておきましょう。

家族手当は、支給範囲を給与規定で明記しておく必要がある。

≫ 誤って過払いをしてしまった場合

　例えば、家族手当の対象であった配偶者が就職したことで支給対象から外れた場合、家族手当の支給を停止しなければなりませんが、社員本人からの連絡が遅れて引き続き手当を支給してしまった場合などは、**遡及して（さかのぼって）手当を返還してもらう**必要があります。

> **補足　遡及期間が長期の場合**
> ただし、遡及期間が長期間となり金額が大きな場合は、社員と話し合いのうえ、分割して月給から返済するなどの取り決めを行うなどの対応をします。

[各種手当の規定例]

家族手当
第●条　家族手当は扶養家族を有する社員に対して次に掲げる額を支給する。ただし、扶養家族が4人を超える場合は、4人までを対象とする。
(1) 配偶者　　　　月額　7,500円
(2) 満18歳未満の子　1人につき5,000円
(3) 満65歳以上の直系尊属　1人につき5,000円
(4) 身体障がい者の親族で扶養の義務ある者　1人につき2,500円
2　扶養家族に変更があった場合は、速やかに自己申告をすること。
3　扶養家族の変更連絡が遅れた場合には、遡及して手当の返金を求めることがある。

住居手当
第●条　社員が次の各号に該当する場合には住居手当を支給する。
(1) 配偶者のある世帯主　　月額10,000円
(2) 扶養家族のある世帯主　月額10,000円
　ただし、世帯主とは主として本人の給与により生計を維持していると会社が認める者をいい重複支給は行わない。

先生の大事なアドバイス

☑ 過払い手当の返還請求は、民法第703条「不当利得の返還義務」で「法律上の原因なく他人の財産又は労務によって利益を受け、そのために他人に損失を及ぼした者は、その利益の存する限度において、これを返還する義務を負う」と定められています。

CHAPTER 3　SECTION 3　給料の減額、賞与、手当の支払いをめぐるトラブル対策

業績が悪い場合の賞与の支払い

社長Bさん： 会社の業績が悪い場合でも、賞与を支払わなくてはならないのでしょうか？

先生： 賞与の取り扱いは、就業規則の賞与規定内容により対応が異なります。「就業規則で会社の業績が悪い場合は賞与を支給しない」と明記している場合は、支給しなくても問題ありませんが、「基本給の2か月分」など固定されている場合は支給しなければなりません。

≫ 賞与（ボーナス）とは

　賞与（ボーナス）とは、**会社が決める**「いままで働いてくれた功労」と「今後の働きへの期待値」というそれぞれの意味合いをもつ、毎月の給料とは別途で支給する一時金のことをいいます。

　この賞与は法律上、**会社は必ずしも支給する義務はありません**。業績によって多く支給することがあったり、また逆に少なかったり、時にはまったく支給しない、ということも可能です。

> **補足　会社が決められる内容**
> 支給の有無に加え、ボーナスの支給基準や金額、計算式なども、自由に決めることができます。

≫ 業績が悪い場合の賞与はどうするか

　業績が悪い場合の賞与の取り扱いは、**自社の就業規則の賞与規定の内容により対応が異なります**。例えば「会社は、各期の業績を勘案して、原則として年2回、7月と12月に賞与を支給する。**ただし、会社の業績の著しい低下その他やむをえない事由がある場合には、支給しないことがある**」と規定している場合、業績

> **注意　就業規則に書き込むポイント**
> 賞与の支払いは就業規則の規定内容により対応が異なるため、万が一業績が悪い場合に備えて賞与を支給しない旨を定めておくことが大切です。最初から賞与を支給する予定がない場合は、就業規則に「賞与は支給しない」とあらかじめ明記しておくことも可能です。

が悪いときには支給しなくても問題はありません。

　一方、「会社は、各期の業績を勘案して、原則として年2回、7月と12月に賞与を支給する。**なお、支給金額は7月支給分は基本給の1か月分とし、12月支給分は基本給の2か月分とする**」とだけ規定している場合は、賞与の支払いが確定されていると判断されるため、原則として業績の悪化など理由を問わず、賞与を支給する義務があります。

≫年俸制を導入している場合の取り扱い

　年俸制とは、賃金の額を1年あたりで決定する制度のことをいいます。ただし実際の給与の支給は、労働基準法の定めにより最低月1回の支払いが必要になるため、**年俸額を分割して毎月支給し、年俸の一部を毎月の給与にプラスして会社の賞与支給月に多く振り分けて支払う**ケースもあります。

> **注意 年俸制でやってはいけない賞与の規定**
>
> 例えば年2回の賞与を設けている会社の場合、あらかじめ年俸額を16で割り、そのうち16分の1を毎月の給与として支払い、残りの16分の4を16分の2ずつ支払うという契約をしたとします。この場合、賞与部分の16分の4の金額については金額があらかじめ確定しているため、「業績が悪いため支給しない」ということはできません。

[年俸制のしくみ]
年棒制の一部を賞与として支払う場合

480万円

年棒	30万	30万	30万	30万	30万	30万	30万	30万	30万	30万	30万	30万	30万	30万	30万	30万
支給月	1月	2月	3月	4月	5月	6月	7月		8月	9月	10月	11月	12月			

年俸額を仮に480万円とした場合、年俸を16で割り、そのうちの16分の1に該当する30万円を毎月固定で支払い、7月と12月に16分の2に該当する60万円をそれぞれ上乗せして支払うことがある。

※ ▨ の部分を賞与として支払うが、労働基準法上の賞与には該当しない。

先生の大事なアドバイス

☑ 就業規則などで賞与を支給する要件として、「(賞与)支給日に在職している社員に支給する」と規定すると、賞与支給日前に退職した社員には、賞与を支給しない、という対応が可能になります。

CHAPTER 3　SECTION | 4　退職、解雇をめぐるトラブル対策

能力不足の社員を退職させるには　①退職の種類など

社長Cさん： 特定の社員が能力不足だと判断した場合、この社員を退職させることはできるのでしょうか？

先生： 能力不足という理由だけでは、社員を解雇することができません。まずは口頭注意や懲戒処分を実施します。法律上解雇が難しい場合は、本人に辞めてもらいたい理由や根拠を話したうえで会社から働きかける「退職勧奨（たいしょくかんしょう）」を促す方法があります。

≫ 退職を働きかける「退職勧奨」とは

「能力不足」「適性不足」という理由だけで解雇はできません。まずは社員本人に「口頭注意」や「懲戒処分」を実施することが必要です。

しかし、実務上、該当社員にすぐにでも退職してもらいたいという場合は、「解雇」ではなく、**会社から退職を働きかけて本人に同意を得て退職させる方法（退職勧奨）**があります。

≫ 退職勧奨の注意点

退職勧奨は、退職してもらいたい理由や退職してもらう根拠、会社の事情を社員本人に具体的に説明したうえで行います。なお、会社からの一方的な通知とするのではなく、本人の意見や話も聞く姿勢が大事です。この経緯を怠ると、本人が「一方的に退職させられる」と感情的になり合意してもらえない可能性が高くなります。**さらに退職を強要するとパワハラと判断されるケース**もあります。

なお、本人が退職に合意した場合は、本人と話し合

> **注意　助成金が受けられない！？**
> 退職勧奨を行った場合、雇入れ関係の助成金の受給要件から外れることになるため、一定期間助成金の受給ができなくなります。また、退職金規程で「会社都合退職」と「自己都合退職」とで退職金の金額などに差を設けている場合は、会社都合退職として計算します。

って退職日を決定し、「退職願」と「退職勧奨同意書」を記入してもらい退職の手続きを行います。退職勧奨は一方的に雇用契約を解除する「解雇」とは異なるため、解雇の要件や解雇手続きなどは不要です。

>> 退職に合意しない場合の対応方法

退職勧奨で本人の合意が得られない場合、解雇の要件を満たしていなければ**原則として解雇できません**。こういったことを避けるには、合意してもらいやすいよう**転職活動のための特別有給休暇を付与したり、割増退職金の支給などの退職に有利な条件を提案**したりする方法もあります。

補足 解雇できる場合は？
度重なる口頭注意や懲戒処分を行っても社員の勤務態度が改善せず、解雇の要件を満たす場合は解雇を行うことができます。

[退職勧奨同意書の書式例]

退職勧奨同意書

平成●●年5月15日

株式会社　エミリオ販売
代表取締役　田中　広一　殿

氏名　　竹内　洋子　㊞

私は、この度平成●●年4月27日に申し渡された退職勧奨に同意し、平成●●年6月30日付で退職いたします。なお、今後この件に関して一切異議申し立ていたしません。

先生の大事なアドバイス

☑ 退職勧奨は、雇用保険の基本手当受給に関して「会社都合退職」扱いとなり、「特定受給資格者」に該当します。そのため、受給する側は給付制限期間なく基本手当を受給でき、給付日数も自己都合退職時より優遇される場合があります。

CHAPTER 3　SECTION | 4 退職、解雇をめぐるトラブル対策

能力不足の社員を退職させるには　②解雇について

社長Cさん: 口頭注意や懲戒処分を行っても、態度が改善しない社員がいます。この社員を解雇できるでしょうか？

先生: 口頭注意や懲戒処分を繰り返しても社員の態度が改善しない場合は、普通解雇を行います。ただし、「解雇理由に合理的な理由があり、社会通念上相当であると認められる」場合に限り解雇が認められますので、慎重な判断を行う必要があります。

≫注意しても聞き入れない社員は、解雇できる？

度重なる口頭注意や懲戒処分を行っても社員の勤務態度が改善せず、解雇の要件を満たす場合は、**普通解雇を行うこと**になります。なお、解雇が認められるためには次の**解雇要件**をすべて満たす必要があります。

> **補足　解雇が禁止されている労働者**
> ①仕事上のケガや病気の療養のため会社を休んでいる期間とその後30日間（ただし、療養開始後3年経過後打切補償を支払う場合は解雇が可能）
> ②産前産後休業で会社を休んでいる期間とその後30日間の人、など。

1. 解雇理由に合理的な理由があり、社会通念上相当であると認められる
2. 解雇が禁止されている労働者にあてはまらない
3. 解雇が禁止されている解雇理由にあてはまらない
4. 解雇予告または解雇予告手当の支払いを行っている
5. 雇用契約書や就業規則の解雇に関する規定に従っている

特に❶の要件は重要です。社員を解雇するには「解雇はやむをえない」理由があることが大事です。この理由には、「協調性がなく職場の環境を明らかに乱す」「病気などで労働の提供ができない」「著しく能力が低い」「重大な服務

規律違反がある」などがあてはまります。ただし、単に社員の「仕事が遅い」「能力が低い」というような場合にすぐ解雇という手段をとると、不当解雇として**解雇が無効**になる可能性もあるので、慎重な判断が必要となります。

>> 解雇手続きについて

労働基準法では、解雇をする際には **30 日前に解雇予告を行う**か、予告をしない場合は**平均賃金 30 日分以上を解雇予告手当として支払わなければならない**と定めています。解雇日から 30 日以上の余裕がないときは、解雇予告を行ったうえで不足する日数分の解雇予告手当を支払うという対応が可能です。

解雇予告は口頭でも有効ですが、トラブルを防ぐために「解雇予告通知書」を本人に通知してください。

> **補足 解雇が禁止されている解雇理由**
> ①国籍、信条、社会的身分を理由とする解雇
> ②会社の法律違反を労働基準監督署へ申告したことを理由とする解雇
> ③女性である、結婚・妊娠・出産したことを理由とする解雇
> ④育児・介護休業の申し出、育児・介護休業をしたことを理由とする解雇
> ⑤労働基準法などの手続き保障についての不同意や過半数代表者への不利益取り扱いの解雇
> ⑥公益通報したことを理由とする解雇
> ⑦労働組合の組合員、組合に加入することを理由とする解雇

[解雇予告通知書の書式例]

解雇予告通知書

平成●●年 10 月 31 日

○○○○ 殿

株式会社　エミリオ販売
代表取締役　田中　広一 (代表印)

当社は、貴殿を就業規則第▲▲条第 1 項、4 号、5 号及び 10 号に基づき平成●●年 11 月 30 日付にて解雇いたしますので、その旨予告いたします。

先生の大事なアドバイス

☑ 労働契約法第16条では「解雇は、客観的に合理的な理由を欠き、社会通念上相当であると認められない場合は、その権利を濫用したものとして、無効とする」と定めています。

CHAPTER 3　SECTION｜4　退職、解雇をめぐるトラブル対策

業績悪化により社員を解雇する場合

社長Aさん: 業績悪化で、社員に辞めてもらわなければなりません。通常の解雇との違いや注意点などを教えてください。

先生: 業績悪化により解雇する場合は、整理解雇に該当するため、通常の解雇要件にプラスして整理解雇が認められる4つの要件を満たす必要があります。整理解雇は、会社としてできるだけの方策をとったうえで、なお経営を継続していくことが難しいような場合の最終手段となります。

≫ 業績悪化に伴う社員の解雇について

　業績悪化に伴う社員の解雇は「整理解雇」に該当します。整理解雇を実施するには、通常の解雇が認められる要件に加え**「整理解雇が認められる4要件」**（右ページ参照）を満たす必要があるため、簡単には認められないと理解しておく必要があります。

　実施する場合、社員にとって自尊心を傷つけられるような問題なので、**会社の業績を社員へ開示し、そのうえで会社としてどのような対応をするのかを説明し、社員の理解を得るという経緯が大事です。**

注意　社員の理解を得る態度とは
経営上の都合により、いきなり会社から整理解雇を通知し、実施することはできません。「派遣社員の契約解除」「契約社員の更新停止」「給与カット」などを行ってもなお立ちゆかない場合に実施します。あくまでも最終手段として捉えましょう。

≫ 整理解雇の4要件とは

　整理解雇が認められるためには、普通解雇の要件（114ページ参照）に加え、次のページに示した4つの要件を満たす必要があります。

　ただし、必ずしもこれらを満たさないと有

普通解雇の要件
＋
4要件
＝
整理解雇の認定

効と認められないというわけではなく、**総合的に判断する要素として捉えたうえで対応を行う**ことが大事です。

> **注意 社内の雰囲気の変化に注意**
> 整理解雇を行ったりすると、社内全体のモチベーションが落ちたり、会社のイメージダウンにつながったりすることもあります。こういったことも考慮して行いましょう。

[整理解雇の4要件]

人員整理の必要性

会社が人員整理をしなければならないほど、経営上のやむをえない事情があることが必要。具体的には、**決算における赤字の有無**、**売上げや業務量の低下の程度**、**資金繰りの状況**などから総合的に判断される。

解雇回避努力義務の履行

いきなり何の努力もせずに「整理解雇」を行うことはできない。「整理解雇」の実施に至るまでに、「**役員報酬のカット**」「**残業時間の削減や勤務時間の短縮**」「**給料や賞与のカット**」「**その他経費節減**」などといった解雇をできるだけ回避する経営努力がなされていることが必要。

被解雇者選定の合理性

解雇の対象となる社員の選定基準が、客観的に合理的な基準を設定し、公平になされていることが必要。具体的には、「**正社員・契約社員などの雇用区分**」「**会社への貢献度の高低**」「**再就職の可能性**」「**家族の有無**」などを考慮する必要がある。

解雇手続きの妥当性

整理解雇しなければならない**事情や経緯を社員側に説明**し、協議しているなど、解雇手続きが妥当であることが求められる。会社の内情を話していない会社も多くあるが、**早い段階から会社の実情を社員と共有しておくこと**が必要となる。

先生の大事なアドバイス

☑ 例えば紡績業と不動産業を営んでいた会社が、紡績業の廃業という経営上の理由によって行った105名の社員の解雇について、整理解雇の4要件を満たしていないとして整理解雇を無効であるとした判例があります（山田紡績事件：平成18年名古屋高裁判決）。これは、経営の一端である紡績業を廃業するだけでは、解雇権の乱用にあたると判断され、整理解雇が認められないとされた点がポイントになります。

CHAPTER 3 労使トラブルに負けないために！

CHAPTER 3　SECTION | 4 退職、解雇をめぐるトラブル対策

社員の横領が発覚したら

> 社員による横領は意外と多いと聞きます。もしも社員が横領していた場合、どのような対応をすればよいでしょうか？
> ー 社長Bさん

> まずは早急に横領の事実確認を行ってください。横領は懲戒解雇も認められる重大な服務規律違反ですが、本人の反省度合いなどから最終的な処分を決定します。なお、懲戒解雇処分とし、即日解雇をする場合は労働基準監督署へ「解雇予告除外認定申請書」を提出します。
> ー 先生

≫ 社員の横領が発覚した場合の対処

　営業職の社員が売上金を着服していた場合や、経理社員が使い込みをしていた場合は、まず**早急に横領の事実確認を行ってください**。会社側は横領の被害額を調査し、証拠書類などの準備を行い、社員本人には横領について事情聴取を行います。社員本人が横領の事実を認めた場合は、**顛末書を提出させるよう**にします。

　また、社内で実施する懲戒処分とは別に、**横領金の弁償額や弁償スケジュールを本人と取り決めておく**必要があります。本人に弁済する資力がない場合は、家族や身元保証人も含めたうえで回答させます。もしも本人、家族、身元保証人が弁償を拒むような場合は、刑事告訴も辞さないという態度をとることも必要です。

≫ 社員の懲戒処分について

　横領は懲戒解雇処分も認められるくらい重大な服務規律違反ですが、一方的に処分を行うのではなく、本人の弁明も聞いたうえで本人の反省度合いなどから最終的な処分内容を決定します。

　会社によって退職金規程で、懲戒解雇の場合に退職金の不支給や減額を定め

ている場合もあります。後々のトラブルにならないよう、**退職金の不支給について同意書をとっておきましょう。**

≫懲戒解雇の手続きについて

懲戒解雇は社員の大きな落ち度によるもので、**通常は即日解雇する**ことになります。

即日解雇は、解雇を行う前に会社を管轄する労働基準監督署へ「**解雇予告除外認定申請書**」を提出し、認定を受けられた場合に限り、実施することが可能です。通常、社員が横領した場合は認められる可能性が高いのですが、認められない場合は、解雇の原則どおり30日前の予告または30日分の予告手当を支払って懲戒解雇します。

なお、監督署の認定が下りるのは、調査などの関係で申請してから2週間程度かかります。

> **申請書類について**
> 「解雇予告除外認定申請書」を労働基準監督署に提出する場合は、「就業規則のコピー」「懲戒解雇に至った経緯書(任意の書式で可)」「労働者名簿(本人の連絡先を明記)」などの添付書類が必要です。なお、解雇理由により添付書類が異なるので、事前に労働基準監督署へ確認したうえで対応しましょう。

会社 →(提出 解雇予告除外認定申請書)→ 労働基準監督署 →
- 認定……即日解雇
- 無効……通常の解雇(30日前予告または30日分の予告手当支払い)

先生の大事なアドバイス

☑ 横領する社員に問題があることはもちろんですが、横領を許してしまう職場環境や管理体制に原因があるケースも多くあります。例えば、金銭や商品の管理方法が1人に依存した管理ではなく複数の目でチェックするなど、横領しにくい体制づくりをする必要があります。

☑ 例えば、お客様から預かった代金を一時的に流用してしまったというケースもあります。このケースのように、現金でのやり取りが発生する場合は「上司を同席させる」「WEBカメラで受け取った現場を中継し社内担当者にチェックをさせる」など、第三者の目を入れるとよいでしょう。また、部下の不始末に気づいていながら上司が責任を負いたくないために見逃しているケースは実際にも多くあるため、会社の管理職への教育も徹底していくことが求められています。

Column 3 労働基準監督署の調査とは

◎ 労働基準監督署の調査とは

　会社が社員を雇用する場合は、労働基準法や労働安全衛生法をはじめとする各種法律を守らなくてはなりません。これらの法律に違反していないかどうかをチェックするために、労働基準監督署が定期的または臨時的に調査を行います。

　労働基準監督署が会社に調査に入るきっかけは

- **定期監督**：労働基準監督署の独自の基準で対象事業所を抽出し、会社に入る監査
- **申告監督**：在職者や退職者が会社の法律違反を労働基準監督署に相談や申告などをした結果入る監査
- **災害時監督**：一定以上の労災事故が発生した事業場に入る監査

などが挙げられます。

　これらの調査では、

- ・就業規則の作成・届出がもれていないか
- ・法定労働時間を超えて労働させている場合は『３６協定届(サブロク)』の締結・届出が行われているか
- ・割増賃金の支払いが適正に行われているか
- ・健康診断が適正に行われているか

といった点についてチェックされます。

◎ 法律違反が発覚した場合は

　調査の結果、法律違反が発覚した場合は「是正勧告書(ぜせい)」が交付され、行政指導が行われます。また、法律違反ではないですが、改善が必要な事項については「指導票」が交付されます。

　「是正勧告書」で指摘された項目については、速やかに指定の期日までに是正内容を労働基準監督署に「是正報告書」を作成して報告する必要があります。なお、労働基準法などの違反の指摘を受け、「是正勧告書」を交付された場合であっても、すぐに罰則を適用されるというわけではありませんので、会社としては速やかに指摘事項を改善するという姿勢が大事です。

　ただし、あまりに悪質な案件の場合は、即、罰則適用、送検といった対応の可能性もありますので、注意してください。

CHAPTER 4
職場のルールと就業規則

- **SECTION 1** 就業規則とは
- **SECTION 2** 就業規則の記載内容
- **SECTION 3** 就業規則の運用方法

CHAPTER 4　SECTION | 1　就業規則とは

就業規則を定める意義を理解する

社員10人に満たない小さな会社なのですが、就業規則はあったほうがいいのでしょうか？

正社員・契約社員はもちろんパートタイマーなども含めて10名以上の社員を雇う会社は、就業規則の作成・届出が義務づけられています。社員が10名未満の場合は就業規則の作成・届出義務はありませんが、トラブルを防ぐためにもルールを明確にしておくことが望まれます。

就業規則とは「会社の憲法」のようなもの

　就業規則とは、社員の労働条件や、社員が守るべき職場のルールなどを定めた「会社の憲法」のことをいいます。経営者と社員、あるいは社員同士が互いに**気持ちよく働くためには、何を守ったらいいのか、また、守らなかった場合はどのような処分を受けるのか**といったことについて、**根拠をもって明確に定めておく**ことが必要となります。

　就業規則はアルバイト、パートタイマーを含む「社員10名以上」を雇う会社の使用者は必ず作成し、会社の所在地を管轄する労働基準監督署へ届け出なければなりません。10名未満の場合でも、万が一のトラブルに備えて就業規則を作成しておくことが望ましいでしょう。

うちは社員3人の会社だけれど、トラブル防止のために作りました

社員10人以上の会社は『就業規則』の作成が必須だが、それ以下の規模の会社もはっきりとしたルール作りを心がけよう。

就業規則に記載すべき内容とは

　就業規則は、**服務規律**(ふくむきりつ)（101ページ参照）**に関する部分**と、**社員の労働条件**

や福利厚生について定める部分とに分けられます。

このうち労働条件に関する一定の項目については、記載が義務づけられています（**絶対的記載事項**）。また、必ず記載しなければならない項目以外でも、決めた場合は記載しなければいけない項目（**相対的記載事項**）と、記載してもしなくてもかまわない項目（**任意的記載事項**）の3つのカテゴリーに分けられます。

[就業規則に記載する事項]

法律の種類	概要
[絶対的記載事項] 必ず記載しなければならない項目	・始業・終業時刻、休憩時間、休日、休暇 ・交替制で就業させる場合は、就業時転換に関する事項 ・賃金の決定、計算、支払いの方法 ・賃金の締め切り、支払いの時期 ・昇給に関する事項 ・退職の事由とその手続き、解雇の事由
[相対的記載事項] 会社で定めた場合には必ず記載しなければならない項目	・退職手当に関する事項 ・臨時の賃金など（退職手当を除く）に関する事項 ・食費、作業用品、その他の負担に関する事項 ・安全・衛生に関する事項 ・職業訓練に関する事項 ・災害補償、業務外の傷病扶助に関する事項 ・表彰・制裁の種類に関する事項 ・その他全員に適用されるものがあれば、それに関する事項
[任意的記載事項] 会社で記載するかどうかを決定してよい項目	絶対的記載事項、相対的記載事項に該当しないすべての事項

先生の大事なアドバイス

☑ 就業規則の内容は、労働基準法など労働関係法令に基づいて作成しなければなりません。法律に抵触した部分の定めは無効となり、法律の内容が適用されます。

☑ 就業規則の作成・届出義務がある「社員10名以上」の定義は、「会社単位」ではなく「事業所（支店）単位」で適用します。したがって、本社の社員が5名、支店の社員が5名の場合は作成・届出の義務はありません。

CHAPTER 4　SECTION｜1　就業規則とは

就業規則の作成と届出までの流れ

社長Cさん: パートタイマーを雇用しているのですが、正社員と同じ就業規則でよいのでしょうか？

先生: 正社員とパートタイマーで、労働条件や待遇、福利厚生が異なる場合は、別途「パートタイマー就業規則」を作成してください。規則を別に作成しない場合は、正社員と同じ労働条件や待遇、福利厚生が適用されてしまう場合がありますので注意が必要です。

就業規則の種類

　正社員とパートタイマーなど、雇用形態によって労働条件や待遇、福利厚生が異なる場合には、**それぞれに適用する就業規則を作成することが望まれます**。
　また、賃金などの労働条件や福利厚生、服務規律や社内のルールなど、就業規則の内容は多岐にわたるため、賃金規程、退職金規程など、テーマ別に作成したほうがよいケースもあります。なお、別規程を新たに作成した場合でも、就業規則の内容の変更と捉えますので、届出などの手続きが必要です。

[就業規則の種類]

雇用形態別		内容別	
正社員用 就業規則	パートタイマー用 就業規則	賃金 規程	退職金 規程
嘱託社員用 就業規則	派遣社員用 就業規則	育児・介護休業 規程	出張旅費 規程
契約社員用 就業規則	など	慶弔 見舞金 規程	など

≫ 就業規則の作成・変更の流れ

就業規則を作成・変更するときの基本的な手順は次のとおりです。

ステップ1 就業規則の原案を作成する

<u>就業規則に記載する事項</u>は、自社の実態や労働条件に見合った内容で会社が作成します。

> **補足 就業規則の記載事項**
> 「就業規則に記載する事項」(123ページ参照)を基軸として内容を定め、作成します。

⬇

ステップ2 社員を代表する者から意見を聞く

労働基準法では、就業規則の作成・変更にあたっては、労働組合がある場合は労働組合から、労働組合がない場合は<u>社員の過半数を代表する者から意見を聞く</u>ように定められています。

> **補足 社員の意見は取り入れなくてはいけないの?**
> 社員の意見については、「意見を聞いた」という事実があれば、その意見を反映させるかどうかは、会社の判断に任されています。

⬇

ステップ3 管轄の労働基準監督署へ届け出る

提出する書類は、最終版の「就業規則原本」「就業規則(変更)届」「意見書」の3つです。それぞれ、特に決まった書式はありません。原本は、労働基準監督署提出用と会社控え用に2部作成しておきましょう。

⬇

ステップ4 社員へ周知する

就業規則は、社員全員へ必ず周知しなければなりません。①常時社員が見ることのできるような場所へ掲示または備えつける、②社員一人ひとりに交付する、③磁気テープや磁気ディスクなどに記録し、社員が常に確認できるような機器を設置する、などの方法によって知らせるというのが一般的です。

先生の大事なアドバイス

☑ 就業規則は、社員に周知しなければ有効とはなりません(労働基準法第106条)。届出の後には、社員がいつでも内容を確認できるような場所に備えつけておくといいでしょう。

☑ 就業規則を変更する場合は、具体的にどのように変更になったのかがわかるよう、変更になった規程の「新旧対照表」を作成し、添付して届け出ましょう。

CHAPTER 4　SECTION｜1　就業規則とは

労使協定の効力について知っておこう

社長Bさん: あまり聞きなれない「労使協定」というものと、就業規則の労働条件とは違うものなのですか？

先生: 労使協定とは、経営者と社員とで合意したことは、法律で定める内容を適用除外することが認められる書面のことをいいます。労使協定により、労働基準監督署へ届け出ることで効力が発生する協定がありますので、注意してください。

≫ 労働条件とは別に決められる労使協定

就業規則に記載されている労働条件は、経営者（使用者）のほうで一方的に定めることのできる取り決めです。根拠である労働基準法は、立場が弱い社員（労働者）を保護するためのものですから、その内容は原則的には労働者側に有利になっています。ところが、労働基準法の原則どおりでは、労働時間の変更など双方にとって運用しづらいことが多々起こるのが現実です。

そこで、就業規則の中の労働条件とは別に、**経営者（使用者）と社員（労働者）の合意があれば、労働基準法に矛盾することであっても適用できる**ことになっています。このような条件のうえに結ばれた約束事のことを<u>労使協定</u>といいます。

> **補足　経営者（使用者）と労使協定を結ぶのは誰？**
> 締結の相手は、「社員（労働者）の過半数で組織する労働組合があるときはその組合、ないときは労働者の過半数を代表する者」であり、双方の合意と書面での締結が要件です。

≫ 届出が必要な労使協定と必要のないものがある

労使協定には2種類あり、締結したことで効力が発生するものと、<u>管轄の労働基準監督署に届け出なければ効力が発生しないもの</u>とがあります。

ただし、労使協定は「定めておけば法律に違反しないですむ」といった免罪（めんざい）

符にはなりますが、個々の社員に対する強制力がないため、**社員にルールを守ってもらうためには就業規則にその旨を条文として明記する必要**があります。法令や就業規則などと比較すると法的拘束力は低いことになります。

労使協定は、就業規則と同じような形で書式化し、常時社員が見ることのできるところに置くようにします。

> **補足 有効期限を定めなければならない労使協定とは**
> 労働基準監督署へ届出が必要な労使協定は、「1年間とする」などそれぞれ有効期限を定める必要があります。ただし、社内の預金制度などの管理に関する労使協定については定めが不要です。

[労使協定のうち労働基準監督署へ届け出る必要があるもの、ないもの]

届出が必要なもの	届出が不必要なもの
貯蓄金(社内預金制度など)の管理	賃金からの一部控除
専門業務型裁量労働制(133ページ参照)	交替休憩
事業場外労働に関するみなし労働時間制 ※ただし、一定の場合は届出不要	フレックスタイム制
時間外・休日労働	有給休暇中の賃金を標準報酬日額で支払う場合、計画的付与、時間単位付与
1か月単位の変形労働時間制 ※ただし、一定の場合は届出不要	育児・介護休業、看護休暇、介護休暇の適用除外者
1年単位の変形労働時間制	65歳までの継続雇用制度 ※ただし、平成25年4月1日以降は廃止
1週間単位の変形労働時間制	

先生の大事なアドバイス

- ☑ 労働基準監督署へ提出が必要な労使協定は、就業規則と同様、労働基準監督署提出用と会社控え用に原本を2部作成し届出を行ってください。なお、届出が不要な労使協定は、作成後会社で保管しておきましょう。
- ☑ 「時間外労働・休日労働に関する協定届(36協定届)」など労使協定には有効期限を定めなければならないものがあります。有効期限が切れた場合は、そのつど届け出るなどして更新手続きを行います。

CHAPTER 4　SECTION | 2　就業規則の記載内容

試用期間を設ける意味と人事異動の効力

> 試用期間中のAさんが、どうも適性を欠くように思うのです。この程度の理由で、本採用を拒否することはできるのでしょうか？
> （社長Cさん）

> 試用期間中だからといって、簡単に本採用拒否を行えません。解雇と同様の扱いとなるため、拒否の理由が合理的であり、社会通念上相当と認められなければなりません。就業規則に、本採用拒否のケースを具体的に定めておくことが大事です。
> （先生）

≫ 試用期間に本採用を判断する

　試用期間とは、**いきなり正式な採用とはしない、いわゆるお試し期間のこと**をいいます。この期間で、採用した社員の勤務態度や能力、健康状態や協調性など実際の働きぶりを見て、本採用するかどうかを決定します。

　なお、**試用期間の長さ**は、特に法律上で明記されていないため、会社で自由に決定できます。

> **補足　適当な試用期間の長さ**
> 3か月～6か月の期間で設定する会社が一般的です。あまりに長期間になると、社員にとっては雇用への不安につながります。1年を超えない範囲で決定するとよいでしょう。

≫ 本採用拒否は解雇と同様の取り扱い

　試用期間中に問題があり、**本採用をしない場合**は、本採用拒否を行います。

　ただし、本採用をしないということは解雇と同様の取り扱いになるため、解雇手続きや、解雇する客観的かつ合理的な理由が存在し、社会通念上相当と認められなければなりません。**就業規則に、本採用を行わないケースについて、具体的に明記**しておきましょう。

> **補足　試用期間中はすぐに解雇できる？**
> これは誤った認識です。通常の解雇（114ページ参照）よりはゆるい基準で判断されますが、トラブルを避けるためにも、本採用しないケースについて明記しておくことは大事です。

[就業規則の記載例]

> **(試用期間)**
> 第●条　新たに採用した者については、採用の日から3か月間を試用期間とする。
>
> 2　試用期間は、会社が必要と判断したときはその期間を短縮し、または延長することがある。
>
> 3　試用期間は勤続年数に通算する。

[就業規則に記載しておきたい、本採用拒否の具体的事由例]

> □遅刻および早退並びに欠勤が多い、または休みがちであるなど出勤状況が悪いとき
> □所属長の指示に従わない、同僚との協調性がない、仕事に対する意欲が欠如しているなど勤務態度が悪いとき
> □教育を実施しても会社が求める能力に足りず、改善の見込みも薄いなど、能力不足のとき
> □重要な経歴を偽っているなど必要書類を提出しないとき
> □健康状態が悪いとき（精神の状態を含む）
> □当社の社員としてふさわしくないと認められるとき
> □その他　上記に準じる、または就業規則第●条の解雇事由に該当するとき

》人事異動の命令は拒否されない

　会社には、組織運営にあたって社員の就業場所や担当業務を変更する一定の人事権が認められています。人事異動の命令を受けた場合、病気の家族の介護ができなくなるなどの正当な理由なく社員はこれを拒否することができません。

　採用時に職種や勤務地を限定している場合であっても、**本人の同意なく、職種変更や勤務地変更を命ずることがある旨**を、就業規則に、できるだけ具体的に明記しておくとよいでしょう。ただし、業務上必要性がない場合や不当な目的で人事異動を行った場合は無効とされる場合もあるため注意してください。

> **先生の大事なアドバイス**
> ☑ 試用期間中を通常よりも低い賃金で雇う場合は、試用期間中は本採用後の賃金とは別に定められている旨を、雇用契約書や就業規則に明記します。
> ☑ 代表者が2・3社を同時に経営している場合で、社員に会社間の異動を命じることは「転籍」にあたりますが（人事異動の種類については、189ページ参照）、転籍については、就業規則や個別の雇用契約書に転籍規定があった場合でも必ず本人の同意を得る必要があります。「転籍に関する同意書」を作成し、同意を得たうえで転籍させてください。

CHAPTER 4　SECTION | 2　就業規則の記載内容

労働時間の原則と始業・終業時刻を決める意味

> いつも会社に遅くまで残って仕事をしている社員がいます。仕事の効率が悪いだけのようにも思うのですが。
> ——社長Aさん

> 始業時刻、終業時刻の定義とルールを就業規則に明記していくことが大事です。著しく早い出社や終業時刻を超えた勤務などは周囲への影響もあり、本人の都合で行えるものではありません。終業時刻までに仕事を終わらせることが原則であることを理解させましょう。
> ——先生

≫ 法定労働時間と所定労働時間

労働基準法では、休憩時間を除き「1日8時間」、あるいは「1週40時間（一部業種44時間）」を超えて労働させてはならないと決められています。この法律で定められた労働時間のことを法定労働時間といい、会社はこの時間内で、社員が勤務する時間（**所定労働時間**という）を決めなければなりません。

なお、所定労働時間は法定労働時間を超えない範囲であれば「1日7時間」「1日7時間45分」など自由に決めることが可能です。ただし、その旨を就業規則に明記する必要があります。

> **補足　所定労働時間の設定**
> 所定労働時間を8時間と定義した場合、法定労働時間と所定労働時間は一致することになります。また、変形労働時間制を導入した場合を除いて、所定労働時間を8時間以上に設定することはできません。

[就業規則の記載例]

（所定労働時間）
第●条　所定労働時間（休憩時間1時間を除く。以下同じ。）は、1週間については40時間以内とし、1日については8時間とする。ただし、パートタイマーなどについては、個別労働契約による。

≫ 始業時刻と終業時刻の定義

1日の所定労働時間が8時間であれば、「始業時刻…午前9時」「終業時刻…午後6時」のように**始業時刻と終業時刻**についても明記しなければなりません。

なお、**始業時刻とは、会社の指揮命令に基づく業務を開始する時刻のこと**をいいます。したがって、社員は始業時刻に業務を開始できるよう、余裕をもって出社しなければなりません。同様に、終業時刻とは会社の指揮命令に基づく業務を終了する時刻のことをいいます。時間内に業務が終了するよう仕事に専念し、業務終了後は速やかに退社しなければならない旨を明記しておきましょう。

> **補足 始業時刻と終業時刻に関するトラブル**
> 始業時刻ギリギリに出社するケース、終業時刻がすぎてもダラダラと残業し、残業代を請求してくるケースなどが起こらないよう、就業規則に明確なルールを明記しておくことが必要です。

[就業規則の記載例]

(始業・終業時刻・休憩時間)
第●条　始業・終業の時刻及び休憩時間は次のとおりとする。ただし、業務の都合、その他やむをえない事情によりこれを繰上げ、または繰下げることがある。
　【始業時刻】　午前9時00分
　【終業時刻】　午後6時00分
　【休憩時間】　正午から午後1時まで

2　始業時刻とは、会社の指揮命令に基づく業務を開始する時刻のことをいう。終業時刻とは、会社の指揮命令に基づく業務を終了する時刻のことをいう。

3　始業時刻には業務を開始できるように出勤し、終業時刻前に帰り支度や業務から離れるようなことはしないこと。また、終業時刻後は、特別な用務がない限り速やかに退社すること。

先生の大事なアドバイス

- ☑ 出退社の際にタイムカードを使用する場合は、タイムカードに刻印された時刻は、あくまでも出退社の時刻の記録にすぎず、勤務の始業・終業時刻とは異なる旨を明記しておきましょう。
- ☑ 「労働時間の適正な把握のために使用者が講ずべき措置に関する基準(平成13年4月6日　基発*第339号)」にて、会社は、労働者の労働日ごとの始業・終業時刻を確認し、これを記録すること、と定めています。

＊　厚生労働省労働基準局長から各都道府県労働局長宛の通達のこと。

CHAPTER 4　SECTION | 2　就業規則の記載内容

労働時間の例外制度とその適用

社長Aさん: 社員を出張に行かせた場合は、どのようにして労働時間を算定すればよいのでしょうか？

先生: 出張など事業場外で仕事をし、労働時間を算定するのが困難な場合は「事業場外のみなし労働時間制」を適用することができます。この場合は、実際の労働時間にかかわらず原則として所定労働時間の労働をしたものとみなすことが可能です。

>> 変形労働時間制

　変形労働時間制とは、業務の繁閑（はんかん）の差が激しい場合に、一定期間の平均労働時間が法定労働時間を超えない限り、1日の所定労働時間を弾力的に決めることができる制度のことをいいます。この**変形労働時間制には、1週間単位、1か月単位、1年単位の3種類**があります。

>> フレックスタイム制

　始業時刻と終業時刻を個々の社員の決定に委ねることができる制度です。
　ただし、使用者は、1日のうちで社員が必ず労働しなければならない時間帯（**コアタイム**）と、社員の選択によって労働することができる時間帯（**フレキシブルタイム**）をそれぞれ設定することもできます。たとえばフレキシブルタイムの枠内で、1時間早く出勤した場合には1時間早く退社するケースなどが挙げられます。

所定労働時間 8時間

8:00　　11:00　　15:00　　20:00
　　　　　コアタイム
　　フレキシブルタイム

今日は9:00に出社して18:00に帰ります

≫ 専門業務型裁量労働制と企画業務型裁量労働制

専門業務型裁量労働制とは、専門知識に基づいた業務内容であり、仕事の進め方や時間配分を社員本人の裁量にゆだねる必要がある職種に適用できる制度です。**労働時間と業績が必ずしも連動しない19種類の業種**が決められており、これに該当する場合は、この制度を導入することが可能です。実際に働いた労働時間数にかかわらず、労使協定で定めた時間を働いたものとみなします。

> **補足：専門業務型裁量労働制に該当する職種とは？**
> ソフトウェアの創作、システム開発や分析、弁護士、税理士、証券アナリスト、デザイナー、コピーライター、商品や技術の研究開発などの19業種です。

また、**企画業務型裁量労働制**とは、事業運営の中心である本社などにおいて、主体性をもって働く企画、立案、調査および分析の業務を行う社員に適用できる制度です。労使委員会によって決議された時間を働いたものとみなします。

≫ 事業場外みなし労働時間制

事業場外みなし労働時間制とは、営業職などで、事業場外で営業活動を行う場合や出張した場合など、具体的な労働時間を算定するのが困難なときには、**所定労働時間を労働したものとみなすことができる制度**のことをいいます。

ただし、出張中であっても、上司が同行していたり、随時連絡が取れる場合は、労働時間の把握が困難といえないため、実労働時間に基づいて労働時間を計算します。

> **補足：所定労働時間を超えた場合のみなし労働時間は？**
> 仕事を遂行するために所定労働時間を超えて労働することが必要な場合は、それだけの時間を労働したものとみなします。

先生の大事なアドバイス

- ☑ 専門業務型裁量労働制が適用される該当業種であっても、チームを組んで責任者の管理下で仕事を行う場合や、アシスタント的な仕事の場合は対象になりません。
- ☑ 事業場外みなし労働時間制によって算定される労働時間は、事業場外で仕事に従事した時間とは別に、社内で勤務した時間を加えた時間となります。
（昭63年3月14日　基発150号より）

CHAPTER 4　SECTION | 2　就業規則の記載内容

休憩と休日の原則と与え方

社長Cさん： 昼休憩を交替でとらせているのですが、就業規則で定めておいたほうがよいことはありますか？

先生： 休憩は、原則として一斉に同じ時間に与えなければなりません（運輸交通業や接客娯楽業など一定の業種除く）。もし交替制で休憩をとらせるのであれば、「一斉休憩の適用除外に関する労使協定書」を締結し、就業規則に明記しておくことが必要です。

≫ 休憩の扱い方と一斉付与の原則

　労働時間が6時間を超える場合は45分以上、8時間を超える場合は60分以上の休憩時間を与えなければなりません。なお、休憩時間は労働時間から除外されるため、会社は社員に休憩時間を自由に利用させなければなりません。ただし、**社員としてふさわしくない行為を行っていいわけではありませんので、社員の自覚を促すためにも就業規則にその旨を明記しておく**とよいでしょう。

　また、**休憩は原則として一斉に同じ時間に与えなければなりません**。例外として、職場の事情により交替制で取得する場合は、「一斉休憩の適用除外に関する労使協定書」を締結しておく必要があります。

[就業規則の記載例]

> （休憩時間）
> 第●条　正午から午後1時までの1時間を休憩時間とする。
>
> 2　交替制勤務を適用する●●部に所属する社員については、労働時間の途中（午前11時から午後3時まで）に1時間の休憩を与える。
>
> 3　社員は、前条の休憩時間を自由に利用することができる。ただし、職場秩序並びに風紀を乱す行為などその他服務規律に反する行為を行ってはならない。

≫ 法定休日と法定外休日

<u>休日</u>とは、労働義務のない日のことをいい、<u>法定休日と法定外休日</u>の2種類が存在します。

労働基準法第35条では、原則として「毎週少なくとも1日」または「4週を通じて4日以上」の休日を与えなければならないと決められています。この法律で決められている休日を、法定休日といいます。

また、法定労働時間に従えば、1日8時間労働の会社の場合、「1日8時間×5日＝40時間」となり、それ以上は労働させることができません。つまり、週1日の法定休日のほかに、もう1日休日を与えなければならないということになります。これを、法定外休日といい、どちらも就業規則に明記しておく必要があります。

> **補足 休日の定義**
> 本来「休日」とは、暦日の1日（0:00～24:00）となります。ただし、8時間3交代勤務などの場合で一定の条件を満たす場合は、連続した24時間の休日を与えればいいとされています（昭63.3.14基発第150号参照）。

> **補足 法定休日と法定外休日は賃金の割増率が違う**
> 法定労働時間を超えて休日労働をしたときは割増賃金が支払われます。法定休日の場合は35％以上の割増率、法定外休日の場合は25％以上の割増率となります。

［就業規則の記載例］

（休日）
第●条　会社は、社員の休日を次のとおり定める。
・日曜日（法定休日）
・土曜日（法定外休日）
・国民の休日、年末年始（12月30日～1月3日）
・その他、会社が定める日

2　前項の休日のうち、法律上付与しなければならない休日を法定休日といい、それ以外の休日を法定外休日という。

先生の 大事な アドバイス

- ☑ 運輸交通業、商業、金融・広告業、映画・演劇業、通信業、保健衛生業、接客娯楽業、官公署の業種については、労使協定を締結しなくとも、休憩の一斉付与の適用を除外されています。
- ☑ パートタイマーなど正社員と比較して労働時間が短い社員に対しては、「労働時間が6時間未満」であれば休憩を与えなくとも大丈夫とされています。

CHAPTER 4　SECTION | 2　就業規則の記載内容

振替休日と代休の違いと休暇の与え方

社長Cさん: 裁判員制度が始まり、いずれ休暇を与えて対応しなくてはならないときがくるかもしれません。有給になりますか？

先生: 裁判員休暇は、法律で取得が義務づけられている法定休暇のため、社員が請求してきたときは拒否することができません。なお、給料の支払いについては会社で自由に決めることができるため、就業規則に支払いの有無を明記しておきましょう。

≫ 振替休日と代休の違い

　仕事上やむをえず社員に休日出勤をさせた場合、原則として休日労働に対する割増賃金を支払わなければなりません。ただし、振替休日を取得させた場合は、割増賃金は不要です。

　振替休日とは、あらかじめほかの出勤日を休日にし、もともと休日とされていた日を出勤日とする制度のことをいいます。休日が入れ替わったことになり、休日労働が発生しないため、割増賃金は不要となります。なお、振替休日を実施する日の前日までに振替日を特定して本人に通知し、原則として同一週内で振替を行うことが必要です。また、**前もって振り替える休日を特定せずに休日に出勤させ、あとから別の日に休日を取らせる制度のことは代休**といいます。

[振替休日と代休の違い] もともと休日だった日曜日に出勤する場合

振替休日
日曜日の出勤前に、あらかじめ翌週の水曜日に休日を振り替えておく。
↓
休日労働にあたらないので、割増賃金の支払いはなし。

あらかじめ振替休日を決めておくと、割増賃金には該当しないんだ！

代休
振替休日を決めずに日曜日に出勤。その後、水曜日に休みを取る。
↓
休日労働をしていることになるので、割増賃金分を支払う。

代休は、先に休日労働が実施されているため割増賃金が発生します。

法定休暇と法定外休暇

休暇とは、社員側からの求めに応じて労働義務がある日に労働を免除する日のことをいいます。法律で取得を義務づけられている**法定休暇**と、それ以外の**法定外休暇**とに分けることができます。

法定休暇は、社員が請求した場合、会社は拒否することができませんが、年次有給休暇（96ページ参照）以外は、休暇を取得した日の給料はノーワーク・ノーペイの原則により支払わなくても大丈夫です。一方、法定外休暇は、会社独自の規定やルールに基づいて与える休暇となります。付与日数や給料の支給の有無は、会社で自由に決めることができます。なお、法定休暇・法定外休暇のいずれについても、取得要件、日数などを就業規則で決めておくことが必要です。

> **代表的な法定休暇**
> 年次有給休暇のほか、産前産後休暇、生理休暇、裁判員休暇、公民権行使の時間、代替休暇、育児休業、介護休業などがあります。

> **代表的な法定外休暇**
> 結婚・出産や、身内に不幸があったときに休暇を与える特別（慶弔）休暇などがあります。

育児休業について

社員が育児休業を請求した場合、原則として子どもが1歳になるまで育児休業を取得することができます。ただし、次の場合は1年を超えて休業をすることが可能です。

1	父母共が育児休業をする場合は、子どもが1歳2か月になるまで（ただし、父の育児休業期間の限度は1年間、母は産後休業と育児休業併せて1年間が限度）。
2	保育園が見つからないなど、特に必要として認められる場合は、子どもが1歳6か月になるまで。

また、育児休業以外でも、会社には次の対応が義務づけられています。

対象社員	対応内容
3歳までの子どもを養育する社員	・「1日6時間以下の短時間勤務制度」を設けること ・社員が申し出た場合は残業をさせないこと
小学校就学前の子どもを養育する社員	社員が申し出た場合は、1か月24時間、1年150時間を超える残業と深夜労働(午後10時～翌朝5時)をさせないこと
病気やケガをした小学校就学前の子どもの看護を行う社員	社員が申し出た場合は、子どもが1人の場合は1年に5日、2人以上の場合は1年に10日の看護休暇を付与すること

CHAPTER 4　SECTION | 2 就業規則の記載内容

休職制度を正しく利用させる

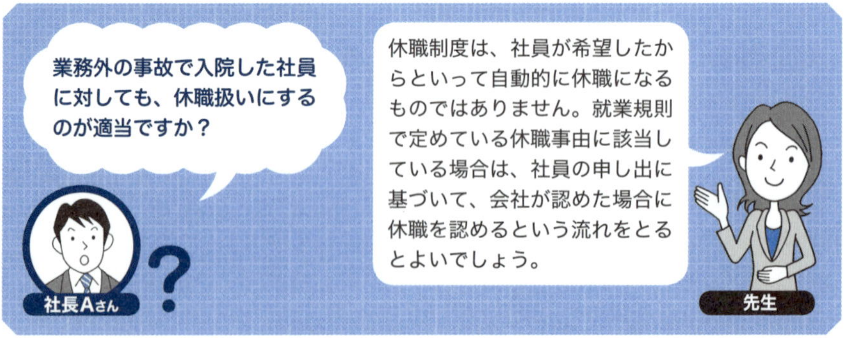

> 業務外の事故で入院した社員に対しても、休職扱いにするのが適当ですか？
> ― 社長Aさん

> 休職制度は、社員が希望したからといって自動的に休職になるものではありません。就業規則で定めている休職事由に該当している場合は、社員の申し出に基づいて、会社が認めた場合に休職を認めるという流れをとるとよいでしょう。
> ― 先生

≫ 社員の救済策となる休職制度

　労働契約により、社員は会社に対して労働する義務を負っています。したがって、社員側の都合により働くことができない、もしくは働くことが困難になり、この義務を履行できないという場合は、本来であれば、契約を解除されても仕方がありません。

　しかし、いきなり契約を解除されると社員は生活に困ってしまいます。そこで、**社員の地位を維持したまま一定期間の労働義務を免除させ、勤務はしていなくとも労働契約は解除されない、という社員に配慮した制度**としてあるのが**休職制度**です。休職事由としては、主に傷病、精神疾患などがありますが、ほかにも会社として認められるものがあれば就業規則に明記しておくとよいでしょう。

> **補足　休職制度導入は会社の自由**
> 休職制度は、法律上特に義務づけられている制度ではないため、制度を導入するかどうかは会社で自由に決められます。

　また、休職期間中の給料の支給の有無は、会社で独自に決定することが可能です。**社員側の都合による休職の場合は、無給とするケースが多い**ようです。

≫ 休職期間は勤続年数に応じて決定する

　休職期間は、会社で自由に決定できますが、通常1か月〜6か月の間で社員

の**勤続年数に応じて決定**するのが一般的です。

　また、休職制度の悪用を防ぐため、短期間に何回も休職を繰り返す場合には、前後の休職期間を通算し、連続しているものとみなすよう定めておくとよいでしょう。そのほか、傷病や精神疾患による休職で症状が再発した場合は再発後の期間をそれまでの休職期間に通算するなど、具体的に明記することをお勧めします。

> **休職制度の対象となる社員は？**
> 勤続1年未満の社員、パートタイマーなどを休職制度の対象外とする場合は、就業規則に明記しておくことが必要です。

［就業規則の記載例］

（休職）
第●条　社員が次のいずれかに該当したときは、休職とする。ただし、試用期間中の者、勤続1年未満の者、契約期間の定めのあるパートタイマーなどには適用しない。
（1）業務外の傷病により欠勤が、継続、断続を問わず日常業務に支障をきたす程度続くと認められるとき

（2）精神または身体上の疾患により労務提供が不完全なとき

（3）その他業務上の必要性または特別の事情があって休職させることを適当と認めたとき

（休職期間）
第●●条　前条の休職期間は次のとおりとする。ただし、会社が判断した場合は休職を認めず、またはその期間を短縮または延長することがある。
　　（1）　前条 第1号および第2号のとき
　　　　　　勤続期間1年未満　　　　　なし
　　　　　　勤続期間1年以上10年未満　3か月
　　　　　　勤続期間10年以上　　　　 6か月
2　前条第1号および第2号の休職期間は勤続年数に通算しない。

先生の大事なアドバイス

☑ 休職期間中でも社会保険料（健康保険料・介護保険料・厚生年金保険料）は通常どおり発生します。本人負担分の社会保険料を会社が立て替える場合は、社会保険料の精算方法についても定めておきましょう。

CHAPTER 4　SECTION | 2　就業規則の記載内容

休職の手続きと復職までの流れ

> 休職していた社員が、「病気が治ったらすぐにでも復職したい」と言っています。どのような点に気をつけて手続きをすればいいですか？
>
> ― 社長Aさん

> 休職と同様、社員が勝手に判断して復職できるわけではありません。社員に「復職願」を提出してもらい、会社が復職できるかどうか判断するという流れをとりましょう。トラブルを防ぐためにも、「病気の治癒の状態」「復職後の業務」などを決めておくとよいでしょう。
>
> ― 先生

≫ 休職は会社が発令するもの

休職は会社が社員に配慮して取らせる制度のため、社員が申し出たからといって自動的に休職できるという性質のものではありません。

社員から休職の申請があったら、就業規則の休職規定に照らし合わせ、該当していると認めた場合に会社が休職を発令する、という流れにしておくのが適当です。**必ず会社から休職辞令を交付する**ようにしてください。

≫ 復職は会社が認めた場合にのみ可能

休職期間中に休職事由がなくなれば復職となりますが、社員が勝手に判断して復職できるわけではありません。**復職の際は、「復職願」を提出してもらい、会社が判断するという方法**をとります。

また、復職を判断するために、会社で指定した医師の受診や診断書の提出を命じることがあることも明記しておきましょう。休職時同様、**会社で判断して認めた場合にのみ復職できる**という流れを作っておくことが大事です。

> **補足　治癒の定義を就業規則に明記する**
>
> トラブル防止のため、どのような状態を「病気が治った」と判断するのか、復職にあたっての治癒の定義を明記しておきましょう。休職前の業務に就けるかどうかが目安となります。

≫復職できない場合の取り扱いについて

休職期間が終了しても休職事由がなくならない場合は**退職もしくは解雇**となります。復職できないときの社員の取り扱いによってトラブルにならないよう、あらかじめ就業規則の復職規定、退職規定（または解雇規定）への明記を行ってください。

> **補足 退職か？解雇か？**
> 復職が見込めない場合に、退職扱いとするのか、解雇とするのかを、就業規則の中で明確にしておくことが必要です。

なお、実務的には解雇でなく、退職となるように規定したほうがよいでしょう。解雇とすると労働基準法の解雇規定が適用となるため、解雇自体が無効と判断されるリスクがあるからです。

［就業規則の記載例］

（復職）
第●条　社員の休職事由が消滅したと会社が認めた場合または休職期間が満了した場合は、原則として休職前の職務に復帰させる。ただし旧職務への復帰が困難・不適当と会社が認める場合には、旧職務とは異なる職務に配置することがある。

2　休職中の社員が復職を希望する場合は、「復職願」を会社に提出しなければならない。

3　休職事由が傷病などによる場合は、休職期間満了時までに治癒（休職前の業務を遂行できる程度に回復することをいう）または復職後ほどなく治癒することが見込まれると会社が認めた場合に復職を許可する。この場合、会社が指定する医師の診断および診断書の提出を命じる。

4　休職期間が満了しても復職できないときは、原則として、休職期間満了の日をもって退職とする。

先生の大事なアドバイス

- ☑ 復職時に診断書を提出させるケースで、主治医によっては仕事内容や環境を考慮せず、安易に「就業可能」と診断する場合があるため、客観的な判断を仰ぐうえで、会社指定の医師の受診ができるよう明記しておきます。
- ☑ メンタルヘルス（心の病）による休職が増加してきていますが、精神障害で労災認定を行う場合は「心理的負荷による精神障害の認定基準（平成23年12月26日 基発1226第1号）」を用いて判断してください。

CHAPTER 4　SECTION│2　就業規則の記載内容

服務規律を定める目的と懲戒処分の種類

> 会社のメールや電話を私用で使うといった勤務態度の悪さだけを理由に解雇できますか？
>
> ― 社長Bさん

> 懲戒処分の内容と社員の問題行動とのバランスがとれていることが大事です。何回かメールや電話を私用で使用したことを理由として、解雇処分を行うことはできません。口頭注意をしても改善しない場合は、まず譴責処分を行ってください。
>
> ― 先生

≫ 服務規律として定めるべきこと

　服務規律とは、会社で仕事をするときに、社員が守らなければならないルールのことをいいます。**最近では、当然と思われるようなマナーであっても、個々人の裁量に任せられないケースが増えてきています**。社員を注意・指導する際の根拠となりますので、できるだけ具体的に明記しておくことをお勧めします。

[服務規律に盛り込む主な内容]

基本ルール	・社会人としてのルールおよびマナーを守る 　例）挨拶をする／仕事中の私用電話の禁止　など
職場環境維持	・セクシュアルハラスメント、パワーハラスメントの禁止 ・ほかの社員に不利益を与えたり、職場の環境を悪くしたりしない
秘密保持	・仕事上の秘密情報を社外に持ち出さない
職務への専念	・勤務時間中は許可なく職場を離れてはいけない ・無断での副業の禁止
信用維持	・会社や会社に関係する人の名誉を傷つけない ・会社の体面を汚す行為をしない（反社会的勢力との付き合いを含む）

≫懲戒処分の実施と手続き

服務規律（ふくむきりつ）に違反した場合に与える罰のことを懲戒（ちょうかい）処分といいます。ただし、就業規則で規定がなければ懲戒処分を行うことはできません。また、規定されているからといって、どんなときでも懲戒処分を行えるわけではなく、**処分の手続きは適正かつ公平**でなければなりません。

前提として、懲戒処分の内容と社員の行った行為とのバランスが取れていることが求められます。なお、1つの行為に2つ以上の懲戒処分を行うことはできません。

> **注意　懲戒権の濫用は避けること！**
> たった1回の遅刻や些細な仕事上のミスを理由として、いきなり懲戒解雇にするのは重すぎる処分といえます。処分は、就業規則に従って決めるようにしてください。

[社員に対する懲戒処分の流れの例]

適正　公平 な処分を！

- **譴責（けんせき）**：事の顛末を記した書面（始末書）を求め、将来を戒める。
- **減給**：事の顛末を記した書面（始末書）を求め、給料を減額する。ただし、減給事案1回の額は平均賃金の1日分の半額以内とし、総額においては、当該期間に支払われる給与総額の10分の1以内とする。
- **出勤停止**：事の顛末を記した書面（始末書）を求め、出勤を10日以内停止し、その期間の給与は支給しない。
- **降格**：事の顛末を記した書面（始末書）を求め、降格させる。
- **諭旨解雇（ゆしかいこ）**：懲戒解雇相当の事由がある場合で、本人に反省が認められるときは、退職願を提出するように勧告する。ただし、勧告に従わない場合は、懲戒解雇とする。
- **懲戒解雇**：懲戒解雇事由に該当するときは予告期間を設けることなく即時解雇する。この場合、所轄の労働基準監督署から解雇予告除外認定を受けたときは予告手当を支払わない。

先生の大事なアドバイス

☑ 社員が、被害妄想などの精神的不調のため、有給休暇をすべて取得した後に長期間欠勤を続けたことに対し、会社は「正当な理由のない無断欠勤」にあたるとして諭旨解雇処分を行ったところ、これが無効とされた裁判例があります（平成24年4月27日最高裁第2小法廷判決）。

☑ 社員に問題行動があった場合は、まずは「口頭注意」を徹底して行ってください。注意しても改善しない場合は、問題行動の程度に合わせて懲戒処分を実施します。

CHAPTER 4　SECTION | 2　就業規則の記載内容

賃金の定義と支払いの5原則

社長Cさん: 私の会社は月給制なのですが、入社月で出勤日数が1か月分に足りていない場合はどうすればいいですか？

先生: 月の途中で入社・退職・休職した場合の給料は、就業規則の「日割計算」「不就労控除の計算」の定めに基づいて計算してください。通常は月給額を、その月の所定労働日数で除した金額に出勤日を乗じて計算します。

》賃金支払いの5原則とは

労働基準法では、賃金の支払い方法について、賃金が確実に社員に支払われるように5つの原則が決められています。

1 通貨払いの原則

賃金は、通貨で支払わなければならない（原則として、現物給与は禁止）。

例外 法令または労働協約に別段の定めがある場合は、通貨以外のもので支払うことができる。また、労働者本人の同意を得た場合には、労働者が指定する銀行口座（本人名義）などへの振込みにより支払うことができる。

2 直接払いの原則

賃金は、直接労働者に支払わなければならない。

例外 家族など、労働者本人の使者と認められる者に対して支払うことはできる。

3 全額払いの原則

賃金は、その全額を支払わなければならない。

例外 給与所得の源泉徴収、社会保険料の被保険者負担分の控除など、法令で決められている場合や労使協定が締結されている場合は控除できる。

4 毎月払いの原則

賃金は、毎月1回以上支払わなければならない。月2回、週1回支払いなど

はよいが2か月に1回支払いなどは不可。

例外 臨時に支払われる賃金や賞与は除外される。

5 一定期日払いの原則

賃金は、毎月一定期日に支払わなければならない。「毎月第4月曜」などの取り決めは不可。

例外 非常時払いや金品の返還の場合は除外される。

給与の支払日

給料の支払いは、最低限、ひと月に1度。「週払いで週に1回」などとしてもいいが、「2か月にまとめて1回」はNGとなる。

≫賃金の日割計算と不就労控除

月給制の場合、賃金計算期間の途中に入社・退職・休職などをした場合、給料の金額を日割計算（**計算式①**）する必要が生じます。また、欠勤（**計算式②**）や、遅刻・早退・私用外出（**計算式③**）によって勤務しなかった時間（不就労時間）がある場合は、その時間を差し引いて計算します。いずれにしても、**就業規則に、それぞれのケースに応じた計算式を明記**しておきましょう。

[賃金の日割計算・不就労控除の計算方法例（月給制）]

計算式① 中途で入社・退職・休職などをした場合の月給

$$\frac{基本給 + 諸手当}{月平均所定労働日数} \times 出勤日$$

計算式② 欠勤した場合の控除

$$\frac{基本給 + 諸手当}{月平均所定労働日数} \times 不就労日数$$

計算式③ 遅刻・早退・私用外出などをした場合の控除

$$\frac{基本給 + 諸手当}{月平均所定労働時間} \times 不就労時間数$$

先生の大事なアドバイス

☑ 日割計算や不就労控除は、会社として行わなくても問題はありませんが、遅刻や欠勤が賃金に影響しないことで、社員の問題行動を助長する可能性があります。また、残業代や休日出勤と相殺することもできませんので注意してください。

☑ 「賃金控除に関する労使協定」には、労使で決定した具体的に控除する項目（「社宅費」「食事代」「組合費」など）を明記して作成します。なお、労働基準監督署への提出は不要です。

CHAPTER 4　SECTION│2　就業規則の記載内容

労働の対価として支払われる賃金の構成要素

社長Bさん: 賃金規定や賞与規定を作成するにあたって、注意しなければならない点を教えてください。

先生: 各種手当の定義や支給要件を明確に定めておくことが大事です。ここがあいまいだと、支給の有無について判断できずにトラブルになったり、多く支払いすぎた場合に返金してもらうことが難しくなります。

賃金を構成する3つの要素

　一般的な賃金の構成は、**基本給**、**各種手当**、割増賃金となっています。通常、基本給とは、社員の職種、職務内容、技能、経験、役割などを考慮して、個人ごとに決定して支払われる定額の給料のことをいいます。年齢給や職能給などは基本給に含まれます。

　各種手当とは、事情のある対象者に対して支給される給料です。手当の定義と支給要件を明確にしておくことが必要です。

　また、割増賃金は、法定時間外労働、休日労働、深夜労働をさせた場合に支給される給料のことです。**賃金規定には、必ず算出方法を明記しておきましょう。**

> **補足　基本給の主な構成要素**
> 定額で支払われる基本給は、年齢や能力のレベルに応じて決められている年齢給や職能給のほか、職種給、職務給、勤続給などがあります。

> **補足　各種手当の主な種類**
> 通勤手当、家族手当、住宅手当、食事手当、役職手当、資格手当、皆勤手当など、多様なニーズに応じた手当が考えられます。会社に見合った手当を設定しましょう。

[時間外労働の割増賃金]

月給制の場合の計算式　時間外労働割増賃金（法定労働時間を超えて労働させた場合）

$$\frac{基本給 + 諸手当}{月平均所定労働時間数} \times (1 + 0.25) \times 時間外労働時間数$$

≫賃金の改定には本人の同意が必要

賃金を改定する場合、原則として本人の同意が必要となります。そのため、賃金を改定する根拠をあらかじめ賃金規定に明記しなければなりません。

なお、会社の状況によって昇給できない場合や、降給する場合にトラブルとなる可能性があるため、賃金改定規定への明記が必要です。

≫賞与の支給は会社が自由に決められる

賞与の支給は必ずしも義務づけられているものではありません。支給の有無、支給回数、支給日、支給対象者などは会社が自由に決定することができます。

なお、業績が悪いときには賞与を支給しないというのは、当たり前のことのようですが、よくトラブルのもととなっているポイントです。**「支給しないことがある」という点は、賞与規定に必ず明記しておくことが大事**です。

また、退職した社員から賞与の支払いを求められることを防ぐためにも、賞与の支給日当日に会社に在籍していたことを支給要件にするとよいでしょう。

［就業規則の記載例］

（賞与）
第●条　会社は、各期の業績を勘案して、原則として７月と１２月に賞与を支給する。ただし、会社の業績の著しい低下その他やむをえない事由がある場合には、支給しないことがある。

2　前項の賞与の評価対象期間は次のとおりとし、支給日当日に会社に在籍し、かつ通常に勤務していた者について支払うこととする。

賞与支給月	評価対象期間
7月	前年10月1日から当年3月31日
12月	当年4月1日から当年9月30日

先生の大事なアドバイス

- ☑ 平成22年4月1日施行の労働基準法改正により、時間外労働が「1か月45時間または1年360時間を超えた場合」の割増率について、賃金規定に明記が必要となっていますので注意してください。
- ☑ 「パートタイマーには支給しない」「勤続１年以内の者は支給しない」など、賞与の支給範囲を定める場合は、賃金規定への明記が必要になります。

CHAPTER 4　SECTION | 2　就業規則の記載内容

退職の定めと定年退職者の雇用確保

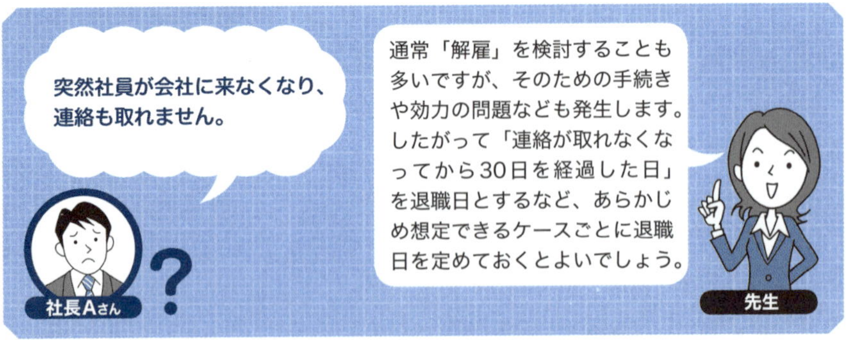

社長Aさん: 突然社員が会社に来なくなり、連絡も取れません。

先生: 通常「解雇」を検討することも多いですが、そのための手続きや効力の問題なども発生します。したがって「連絡が取れなくなってから30日を経過した日」を退職日とするなど、あらかじめ想定できるケースごとに退職日を定めておくとよいでしょう。

≫ 退職規定はできるだけ具体的に！

　退職規定には、**どんなときに退職になり、退職日がいつになるのかを明記する必要**があります。例えば、「社員が行方不明となって連絡が取れない場合の退職日は30日を経過した日とする」など、想定できる様々なケースについてあらかじめ明記しておくことが必要です。

　また、退職の申し出は口頭でも有効ですが、後々のトラブルを防ぐためにも、書面で<u>「退職届（願）」を提出する</u>よう明記しておくとよいでしょう。

　なお、退職の申し出をした社員が、引き継ぎをしないで退職してしまうトラブルを防ぐためにも、**引き継ぎに関する規定も整備しておく**ことをお勧めします。

引き継ぎもしっかりと！

具体的には、「退職を申し出た者は、退職日までに必要な業務の引き継ぎを完了しなければならない」という点と、「引き継ぎを完了せず、業務に支障をきたした場合は懲戒処分を行うことがある」という点を明記しておきましょう。

> **注意：退職届はいつまでに提出させればいいか？**
> 自己都合により退職の場合、原則として2週間前であれば退職は可能です。ただ、引継ぎなどを考慮したうえで、「退職届は少なくとも1か月前までに提出すること」と定めておくとよいでしょう。

[退職日の設定例]

事由	退職日
死亡したとき	死亡した日
定年に達したとき	定年年齢に達した日の属する月の賃金締切日
休職期間が満了しても休職事由が消滅しないとき	休職期間満了の日
本人の都合により退職を願い出て会社が承認したとき	承認された日
取締役に就任したとき	就任日の前日
解雇されたとき	解雇の日
期間を定めて雇用した者の雇用期間が満了したとき	雇用期間満了の日
社員が行方不明となり、30日以上連絡が取れないとき	30日を経過した日
関連会社に転籍したとき	転籍日の前日
その他、退職につき労使双方合意したとき	合意により決定した日

≫定年退職と高齢者雇用確保措置

会社は、定年を設ける場合は、**60歳を下回らない年齢を設けることが義務づけられています**。また、65歳（平成25年3月31日までは64歳）までは、「定年年齢の引き上げ」「**継続雇用制度の導入（再雇用制度または勤務延長制度）**」「定年の定めの廃止」のうち、何らかの雇用確保措置を取るように定められています。実務的には、労働条件の見直しが行いやすいというメリットから、多くの会社が「再雇用制度の導入」を行っています。

> **補足 2つの継続雇用制度の違い**
> 定年退職に達した社員との契約をいったん終了させた後で新たに雇用契約を結び直すのが再雇用制度であり、退職させずにそのままの身分で雇用を延長するのが勤務延長制度です。

先生の大事なアドバイス

- ☑ 労使協定を締結した場合は、協定で定めた基準に該当した社員のみ再雇用することが認められていましたが、平成25年4月1日施行の改正高年齢者雇用安定法では、対象者を限定することが廃止されています（ただし、一部経過措置あり）。
- ☑ 労働基準法第22条第1項により、社員から「退職証明書」を請求された場合は遅滞なく交付しなければなりません。「使用期間」「業務の種類」「その事業における地位」「賃金または退職の事由（解雇の場合の理由を含む）」についての証明が可能ですが、社員が請求しない事項は除外します。

CHAPTER 4　SECTION | 2　就業規則の記載内容

解雇事由となる具体的な行為とは

社員Aさん: 社員が解雇に納得してくれない場合には、どのように対応すればよいのですか？

先生: 就業規則の解雇規定に、具体的にどのようなときに解雇となるのかをあらかじめ明記しておきましょう。社員を解雇する場合は、どのような行動がその規定に該当しているのかを説明し、解雇規定を根拠条文として明示するとよいでしょう。

>> 解雇の種類

　解雇は、会社が社員に対して一方的に雇用契約を解除するものです。それだけ社員の生活に大きく影響するため、解雇は一定の要件を満たさなければ認められません。**どんなことをすると解雇になるのか、具体的に明記しておくことが必要**です。
　解雇には、普通解雇、整理解雇、懲戒解雇の3つの種類があります。

[解雇の種類と、その内容]

種類	規定の区分け	概要
普通解雇	解雇規定	主に社員側の理由（勤務態度や勤務成績など）により雇用契約を継続していくことが難しい場合に行う解雇のこと。
整理解雇	解雇規定	会社の経営状況が悪化したことから、社員の一部を人員整理するために行う解雇のこと。
懲戒解雇	懲戒解雇規定	社員が就業規則に定める服務規律などに違反した場合に行う、懲戒処分としての解雇のこと。

解雇規定・懲戒解雇規定で明記しておくこと

　解雇規定では、普通解雇もしくは整理解雇をする際の必要要件である「**客観的に合理的な理由**」と「**社会通念上相当かどうかを判断する点**」を具体的に明記します。懲戒解雇規定では、懲戒解雇に該当する事由について記しておきます。

[就業規則における解雇規定例]

> □精神または身体の障害により、労務提供が不完全であると認められるとき
> □協調性がなく、職場の和を乱し、業務遂行の妨げとなるとき
> □勤務成績または勤務態度が著しく不良で、改善の見込みがないとき
> □教育指導を行っても職務の遂行に必要な能力や適格性を著しく欠くとき
> □事業の縮小、天災事変などやむをえない事情により、事業の継続が難しく、人員削減が必要となったとき
> □重大な懲戒事由に該当するとき
> □その他、雇用を継続しがたいやむをえない事由があるとき　　　など

[就業規則における懲戒解雇規定例]

> □正当な理由なく欠勤が14日以上におよび、出勤の督促にも応じないとき
> □頻繁に遅刻、早退または欠勤を繰り返し、再三の注意をしても改めないとき
> □重要な経歴を偽って採用されていたとき
> □故意または過失により、会社に重大な損害を与えたとき
> □素行不良で、著しく会社内の秩序または風紀を乱したとき
> □刑事事件で有罪の判決を受け、社名を著しく汚し、信用を失墜させたとき
> □会社内における窃盗、横領または暴行、傷害など、刑法の犯罪に該当する行為があったとき
> □正当な理由なく、業務上の職務命令に従わず、職場秩序を乱したとき
> □在職のままほかの事業の経営に参加したり、自ら事業を営んだりしたとき
> □職務上の地位を利用して第三者から報酬を受けるなどしたとき
> □会社および取引先の重大な秘密や情報を漏らす、または漏らそうとしたとき　　　など

先生の大事なアドバイス

☑ 労働基準法第22条第2項により、社員の請求があれば、「解雇理由証明書」を発行しなければなりません。証明書には、「解雇の具体的理由」「その事実関係」などを記入します。ただし、退職の日を過ぎた後は、「解雇理由証明書」ではなく「退職証明書」を交付することになります。

☑ 通常、解雇する場合は、少なくとも30日前に予告しなければなりません。ただし、懲戒処分相当の事由による場合で、所轄の労働基準監督署の解雇予告除外認定を受けた場合は、予告なしの解雇が可能です。

CHAPTER 4　SECTION | 3　就業規則の運用方法

就業規則説明会を開催して意見を聞く

社長Cさん: 就業規則説明会を開催して、反対意見が出たときにはどのように対応すればいいですか？

先生: 就業規則の作成・変更にあたっては、社員の「意見書」を添付する必要があります。ただし、必ずしも「同意」を取るところまでは求められていません。反対意見が出た場合、意見自体は受け止めたうえで、その意見を反映するか否かは会社で判断する旨を説明しましょう。

≫ 就業規則説明会の意義

　労働基準法では、就業規則の作成・変更にあたっては、労働組合がある場合は労働組合から、労働組合がない場合は社員の過半数を代表する者から意見を聞くように定めており、労働基準監督署への届出には「（社員の）意見書」を添付しなければなりません。事務的には社員の過半数を代表する者の意見を聞くことで足りますが、実務的には、**就業規則説明会を実施することをお勧めします**。就業規則の記載事項について説明したうえで、内容についての質問や意見を聞くようにします。このとき、同意を得るところまでは求められていませんが、反対意見に対しては考慮するようにしましょう。

　社員からすると、就業規則説明会に参加することで当事者意識をもつことができ、権利だけではなく、社員として守らなければならない義務やルールについても自覚をもつことができるようになります。

最近は法改正も頻繁に行われているため、最新の法律に抵触しない内容に随時変更、訂正を行っていく必要がある。

就業規則説明会の開き方

　就業規則ができ上がったら、説明会を開催する日を決定し、社員に対して実施する旨を通知してください。時間は、1時間〜2時間程度を予定しておけばよいでしょう。説明会の構成としては、次のような流れで行うのが一般的です。

[説明会開催スケジュール例]

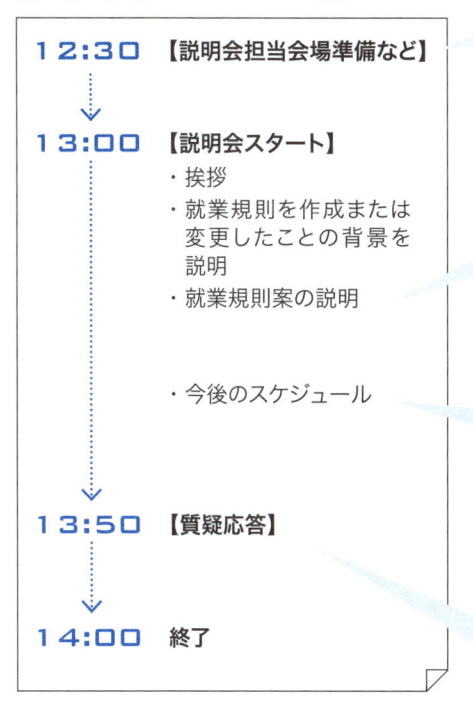

12:30　【説明会担当会場準備など】
- 説明会を実施する会場と資料の準備を行う。
- 就業規則案を各人に配布、または自由に回覧できるようにする。

↓

13:00　【説明会スタート】
・挨拶
・就業規則を作成または変更したことの背景を説明
・就業規則案の説明

- 【新規作成】の場合は、「就業規則の意味」「労働条件の説明」「服務規律（ふくむきりつ）」「懲戒（ちょうかい）処分」「休職制度」などを中心に説明する。
- 【変更】の場合は、変更点の説明と、変更後の影響などを中心に説明する。

・今後のスケジュール

- 労働基準監督署へ提出するまで一定の期間を設けて社員の代表者へ、意見や質問を提出し取りまとめるようにする。
- 【変更】の場合で、労働条件が変更される場合は「労働条件変更の同意書」も取っておく。

↓

13:50　【質疑応答】

↓

14:00　終了

- 社員が疑問に思ったことに対してその場で回答する。なお、後から疑問に思ったことに個別対応することも伝えられるとよい。

先生の大事なアドバイス

☑ 反対意見を「意見書」に明記しても、就業規則の届出が無効になるわけではありません。説明会を開催しない場合は、期間を定めて就業規則を回覧し、意見や質問があったら社員代表の者に提出するといった対応も可能です。

☑ 就業規則を変更することになり、社員の労働条件が大幅に下がる場合は、個別の同意を得る必要があります。就業規則説明会とは別に、個別面談を設けて社員全員分の同意書を取るなどの対応を行ってください。

Column 4 就業規則の運用について

就業規則の運用方法

せっかく立派な規則を作り上げても、日常的に就業規則を運用しなければ作成した意味がありません。就業規則の内容をいつでも確認できるようにしておくことはもちろんのこと、職場で遭遇した出来事に応じて就業規則に照らし合わせて取るべき対応を決定しましょう。

例えば、

● **社員が入社したとき**

「入社時の提出書類」「試用期間」「身元保証」「入社月の日割り計算の方法」など

● **社員の問題行動を注意するとき**

「服務規律（ふくむきりつ）」「懲戒規定（ちょうかい）」など

● **社員が退職するとき**

「退職規定」「退職手続き規定」「競業避止義務規定」など

を確認し、各規定に基づいて対応するようにしてください。

また、就業規則でカバーできないような細かいマナーや事務管理に関するルールは、「職場のルールブック」を作成し、就業規則と併用して運用していくとよいでしょう。

例えば「掃除その他、職場環境の整備についてのルール」「来客応対のルール」「電話応対のルール」「宅配便や郵送のルール」など、あらかじめ明文化しておくことは社員教育のためにもプラスになります。

就業規則のメンテナンスについて

就業規則は一度作成すれば永久にそのまま使用できるというわけではありません。最近は法改正も頻繁に行われているため、最新の法律に抵触しない内容に随時変更、訂正を行っていく必要があります。

その他、社内の賃金制度や人事制度などを新設または変更したとき、服務規律や社内ルールを見直したとき、労働基準監督署の調査が入って大幅な社内体制の見直しを行ったときなども見直しをするタイミングとなります。

できれば法改正があったタイミングのほかに、2〜3年に一度は定期的に就業規則の見直しを行うようにしてください。

CHAPTER 5
人材育成と職場のコミュニケーション

- **SECTION 1** 社員の育成
- **SECTION 2** 経営者のコミュニケーションスキル
- **SECTION 3** やりがいの与え方

CHAPTER 5　SECTION | 1 社員の育成

いまどきの社員の考え方を理解する

社長Bさん：最近の若い人の考えることがわかりません。若手社員を教育するうえで、気をつけなければならないことはありますか？

先生：「最近の若い人は何を考えているかわからない」と社員が変わるのを待つのではなく、経営者から関わり方を変えていく必要があります。どのような関わり方をすべきかを決めるためにも、まずは若手社員の特徴を押さえましょう。

≫ 若手社員の特徴を理解しよう

「最近の若者にはこちらの常識が通用しない」「若手社員が何を考えているかわからない」という声をよく耳にします。そんな"いまどきの社員"にきちんと働いてもらうためにも、まずは彼らの特徴を押さえておきましょう。

特徴1　マナーや一般常識を知らない

経営者からすると、基本的なビジネスマナーはもちろんのこと、社会人としての心構えや一般常識などは、あえて言うほどのことではない、大人ならば知っていて当然だと思うようなことかもしれません。しかし、**若手社員の多くは「知らない」まま社会に出てきてしまっている**わけですから、「知っている」前提で接しても本人は改善できません。どのようなマナーがあるのか、一般常識から教えて指導していくという姿勢が大事です。

（例）
- 席をはずして何十分もおしゃべりをしている
- 勤務中、仕事に関係ないことでメールやインターネットをしている
- 相手の目を見て話せない

特徴2　コミュニケーションがとれない

最近はメールへの依存傾向が特に強く、**目の前に本人がいるのにメールでコミュニケーションをとる**ということも珍しくないようです。また、真面目で優秀な社員ほど、上司やお客様に相談することができず、**1人ですべてを抱え込んでパンクしてしまう**ことがあります。

会社として、社員にどのようなコミュニケーションをとってほしいのかを明確にしたうえで、教育・指導をしていくことが必要です。

（例）
- 困っていることを口頭で伝えられない
- 頭の中ではわかっているが、うまく説明ができない
- 相談を躊躇して仕事を抱え込んでしまう

特徴3　会社より個人を優先したがる

最近は、**会社よりも個人の幸せを優先する社員が増えています**。実際、「責任が増えたり、時間が制約されたりするのは嫌だ」という理由で、管理職への登用を断る社員もいるそうです。

また、かつては飲み会や社員旅行など、仕事場外のリラックスした環境で信頼関係を築くということも有効でしたが、いまどきは必要最低限の付き合いしか望まない社員もいます。会社としても、こちらが望む価値観を強制するのではなく、社員個々人の価値観を認めたうえで、受け入れていく姿勢が求められています。

（例）
- 出世して忙しくなるよりも自分の時間を大切にする
- 今一歩踏み込んでいかない
- 個人の価値観や世界を優先する

> **先生の大事なアドバイス**
> - ☑ いまどきの社員は、自分の義務を棚上げにして権利を主張してくる傾向があります。労使トラブルに発展しないよう、就業規則や雇用契約書であらかじめ細部にわたってルールを作成し、入社時にしっかりと伝えておきましょう。
> - ☑ コミュニケーションがうまくとれない社員については、場合によってはメンタルヘルスの問題へと発展するリスクがありますので注意が必要です。

CHAPTER 5　SECTION | 1　社員の育成

社員のモチベーションが低い理由を考える

社員の働き方に物足りなさを感じています。もっとやる気を出して頑張ってもらいたいのですが。

社長Aさん

社員のモチベーションが低いことを、社員個人の責任にしてしまってはいけません。モチベーションが低くなるには共通の理由があります。自社の社員がどの理由にあてはまるのかをチェックしたうえで、会社としてすべきことを理解しましょう。

先生

≫ 社員のモチベーションが低い3つの理由

　多くの経営者が、「社員が思ったように働かない」「社員のモチベーションが低い」という悩みを抱えています。そして、その原因は「社員の個人的な問題」にあると捉えているようですが、実は共通する理由があります。

　「社員のモチベーションが低い」と嘆く前に、なぜそうなのか、まずはその理由を知りましょう。

理由1　自尊心が満たされていない

　人は、自分の存在を誰かに認めてもらいたいと思うものです。社員の場合、その対象は会社や同僚、お客様ということになります。

　ところが、多くの経営者は給料を支払っていることで、社員が働くことは当たり前と捉えているため、ねぎらいの言葉をかけることもなければ、感謝することもありません。それどころか、「こんなのは誰でもできる仕事だ」「代わりの人材はいくらでもいる」など、社員を否定するような態度をとってしまいがちです。

　このようなことが続くと、社員は自信がなくなり不安になってしまうだけでなく、大事にしてもらえないことが怒りへと発展し、**会社に貢献することを馬鹿らしいと感じるようになってしまう**のです。

理由2 **ビジョンや目標が明確でない**

　ビジョンや目標が明確でない会社の場合、社員からすると、**自分たちが「何を目指し、どこへ向かっているのか」がわからないまま働かなければなりません**。これでは、社員が不安に感じて当然です。マラソンだって、ゴールが決まっているからこそ、苦しいときも頑張ることができるのです。

　また、立派なビジョンや目標があっても、社員と共有できていなければ意味がありません。社員が、会社経営に対し蚊帳の外であるという意識をもってしまうと、モチベーションは上がらないものです。

理由3 **会社を「他人事」だと思っている**

　社員の立場で、会社のことを「自分の問題（自分事）」として捉えることは難しく、所詮は「他人事」だと思ってしまっている人がほとんどです。

　このように、「会社のために働いてあげている」という考えでは、**「できるだけ責任を増やしたくない」などといった意識が優先**され、モチベーションは低いままです。

> わかりました

> ○○と○○やっておいて

> 言われたことだけやっていればいいや

「会社のために働いてあげている」という意識でいるうちは、社員の行動にもブレーキがかかってしまう。

先生の大事なアドバイス

- ☑ モチベーションが低い理由として、会社の環境整備や経営者の社員への関わり方などに問題があるケースも考えられます。広い視野に立って原因を探る努力をしてください。
- ☑ 社員が変わることを待っていても問題の早期解決にはつながりません。経営者のほうから変わり、変わったことを社員に見せていくことが大事です。

CHAPTER 5　人材育成と職場のコミュニケーション

CHAPTER 5　SECTION | 1　社員の育成

プレイングマネージャーから脱却する

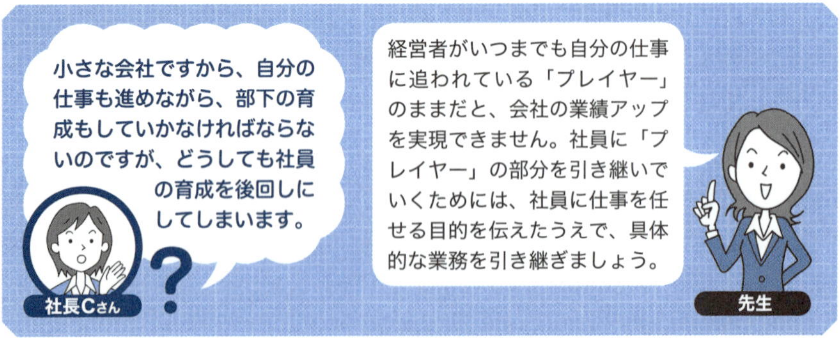

社長Cさん: 小さな会社ですから、自分の仕事も進めながら、部下の育成もしていかなければならないのですが、どうしても社員の育成を後回しにしてしまいます。

先生: 経営者がいつまでも自分の仕事に追われている「プレイヤー」のままだと、会社の業績アップを実現できません。社員に「プレイヤー」の部分を引き継いでいくためには、社員に仕事を任せる目的を伝えたうえで、具体的な業務を引き継ぎましょう。

≫ 社員のモチベーションを上げるために必要なこと

前項で、社員のモチベーションが低い理由を3つ上げました。

[理由1]　自尊心が満たされていない
[理由2]　ビジョンや目標が明確でない
[理由3]　会社を「他人事」だと思っている

したがって、社員のモチベーションを上げるためには、これらの問題を後で述べる具体策を実施することによって解消していくことが必要です。

[モチベーションを上げる具体策]

1. 社員の自尊心を満たす ▶ 社員とコミュニケーションをとる →詳細は164ページ〜参照

2. 会社のビジョンや目標を明確にする ▶ 会社のビジョンを策定する →詳細は178ページ〜参照

3. 社員が会社を「自分事」だと捉えられるようにする ▶ 社員とビジョンを共有する →詳細は180ページ〜参照

≫ プレイングマネージャーとして心がけること

　中小企業の経営者は、経営者としての仕事に専念するというよりも、業務にも積極的に関わっているという人が少なくありません。プレイヤー兼マネージャー、いわばプレイングマネージャーです。

　そのため、プレイヤーとしての仕事と**マネジメント業**が両立できなくなる場合があります。特に、目先の業務が忙しい中では、社員の育成を後回しにしてしまう、といったことが起こりやすくなります。しかし、**会社の業績アップを目指すのであれば、社員の育成は避けられない課題**です。経営者としては、プレイヤーとしての仕事よりも、マネジメント業のほうに力を注ぐべきでしょう。

　もしいま、プレイヤーの割合が100％に近いというのであれば、半年後には50％に減らすなど、少しずつプレイヤーの割合を引き下げていくことから実践してみてください。

> **マネジメント能力とは？**
> マネジメントには、社員の能力を開発し育成していくことに加えて、会社の経営に欠かせない長期的なビジョンや戦略を考えることなどが含まれます。これらは、経営者として大事な仕事のひとつといえます。

［プレイヤー業務を減らすための実践例］

- □ 新規の問い合わせ電話やメールには自分で対応しない
- □ 事務作業は社員に任せる
- □ 同行営業時に自分でプレゼンしない

（君のほうから説明して）

先生の大事なアドバイス

☑ 経営者がプレイヤー業務の多くを担っている状態は、社員にとって「社長がやってくれるから」という受け身の態度を助長させてしまいます。経営者がマネジメントに集中できる環境を少しずつ整えていくことが大事です。

☑ 経営者がプレイヤーとしての仕事を社員に少しずつシフトしていくときには、それぞれの社員に「その仕事を任せる目的」を伝えるようにしましょう。今後はマネジメントに専念するということを理解してもらうことも必要です。

CHAPTER 5　人材育成と職場のコミュニケーション

CHAPTER 5　SECTION | 2　経営者のコミュニケーションスキル

経営者と社員のギャップを埋める

> 経営者の立場としては、社員にもっと自主的に動いてほしいのですが…。こちらの思いが伝わらなくて悩んでいます。
> — 社長Cさん

> 自分が思っていることを社員が察してくれるのを待っているのではなく、思っていることをまずは自分から伝えましょう。経営者と社員の認識のギャップは日常的に起きるため、それを埋めるためにも自ら積極的にコミュニケーションをとってください。
> — 先生

≫ 職場にコミュニケーションが必要な理由

　会社と社員の関係がうまくいっていない組織は、**圧倒的に社内のコミュニケーションが不足しています**。コミュニケーションをとる機会がないと、相手が何を考えているのかがわからなくなり、相手に対しての不信感を生んでしまいます。

　多くの会社では、直接、話をする機会が減少しているというだけではなく、**問題行動があった社員がいたとしても注意すらしていない**こともあるようです。これでは、コミュニケーション以前の問題です。

　会社がこのような態度を続けていると、社員は、無視されていると思うようになり、自分の存在に価値を感じられなくなります。ついには、自分はこの会社には必要ないのかもしれない、と不安になります。このような不安を解消するためにも、コミュニケーションは必要不可欠なのです。

≫ 経営者が陥りやすい思い込み

　「あえて言葉にしなくても、思いを察して行動してほしい」という経営者がいます。もちろん、察しがよくて気遣いのできる社員もいるでしょう。しかし、それはごく少数に限られます。当たり前のことですが、自分が思っていること

は、自分で伝えない限りは伝わらないものです。相手の思いを察するというのは、熟年夫婦であっても難しいことですから、他人の集まりである会社においてそれを望むことは、なおさらに困難です。**経営者は、思いが伝わらないことを社員の責任にするのではなく、自らの言葉で積極的に伝えていく姿勢をとっていくことが大事です。**

≫考え方のギャップを埋める

　経営者と社員は立場が異なるため、同じ事象に対しても、捉え方や認識が異なります。例えば、経営者は、社員に対して**「いちいち指示しなくても、自分で考えて働いてほしい」**という前提で仕事を任せていたところ、社員のほうは**「仕事の『丸投げ』は迷惑なだけ。的確な指示を出してほしい」**といった不満を感じている、ということはよくあります。

　職場では、このような**経営者と社員の認識のギャップが日常的に起きています**。このギャップに気づき、ギャップを埋めるために大事なのがコミュニケーションです。互いの考え方のギャップを埋めるためにはどうしたらよいのかを話し合うしかありません。互いの思いを知ることが大切です。

> この２つの案件、処理しておいてくれるかな

> なんだよ、俺にだけ仕事を押しつけてばっかりじゃないか……

> 彼のステップアップのためにも、仕事が計画的にこなせるよう、少し作業量を多めにしてみよう

経営者側と社員とでは常に気持ちのギャップが起きるものだと認識しておこう

先生の大事なアドバイス

- ☑ 経営者と社員には、様々なギャップがあることを認識しましょう。このギャップを埋められないままにしておくと、労使トラブルに発展する可能性もありますので注意してください。
- ☑ コミュニケーションは、「質より量」が大事です。話し方やコミュニケーションスキルを身につけることも必要ですが、まずはコミュニケーションの量を増やすことから始めましょう。

CHAPTER 5　人材育成と職場のコミュニケーション

CHAPTER 5　SECTION | 2　経営者のコミュニケーションスキル

社員とのコミュニケーションは個別に対応する

> 社員ともっと気楽に話をしたいと思っているのですが、なかなか本音を語ってくれません。どんなことに気をつけてコミュニケーションをとったらいいですか。
> ー 社長Aさん

> まずは経営者と社員とに信頼関係があることが大事です。また、価値観などは一人ひとり異なるので、各社員に合わせた「個別対応」を行ってください。社員から経営者には話しかけづらいことを理解し、自分から声をかけるようにしましょう。
> ー 先生

≫ 社員とのコミュニケーションをとる際の心構え

それでは、実際に社員とコミュニケーションをとるときに、どのようなポイントを意識すると効果的なのでしょうか。経営者が社員とコミュニケーションをとる際の心構えを押さえておきましょう。

ポイント1　スキルより信頼関係のほうが大事

基本のコミュニケーションスキルを身につけることはもちろん大事です。ですが、たとえスキル（技術）があっても、土台となる信頼関係がなければ、せっかくのスキルも生きてはきません。

> 補足　基本のコミュニケーションスキルとは？
> 基本のコミュニケーションスキルとは、
> ①聞く（166ページ）、
> ②質問する（168ページ）、
> ③承認する（170ページ）
> の3つです。

いくら言葉では「よくやった」と褒めていても、心の中で「こんなこともできないなんて」と相手を見下していたとしたら、必ずその本心は相手に伝わります。これでは、信頼は得られません。社員とコミュニケーションをとる際には、**常に相手を尊重した態度で接する**よう心がけましょう。

ポイント2　個別に対応する

個々の社員の感じ方・考え方・価値観は1人として同じことはなく、すべて異なります。したがって、社員とのコミュニケーションは、「個別に対応する」

という意識をもつことが必要です。

例えば、Aさんに「素晴らしい！」という褒め言葉がヒットしたからといって、同じ言葉がBさんの心にもヒットするとは限りません。褒め言葉ひとつとっても、社員によって反応は異なるものなのです。**常日頃から、個々の社員の態度や反応を注視するようにし、どのような価値観をもっているのか**を見極めましょう。そのうえで、それぞれに応じた完全個別対応のコミュニケーションをとっていくことが大事です。

ポイント3　自分から声をかける

社員が話しかけてこないことを物足りなく思っている経営者もいるでしょう。しかし、そもそも社員のほうから経営者に話しかけることは簡単なことではありません。

立場の違いから必要以上に気遣ってしまい、結果として思いを言葉にしないですませてしまうという人が圧倒的に多いのです。

ですから、社員とコミュニケーションをとるのであれば、何よりまず、経営者のほうから積極的に声をかける必要があります。慣れるまでは抵抗を感じるかもしれませんが、最初からうまくいくことを期待せずに、まずは「やってみる」ことが大事です。

経営者に対して社員は思っている以上に臆する場合がある。

気になっていることがあるが、緊急性がないから後にしよう

自信がないから、やっぱりだまっておこう

忙しそうだから、話しかけるのは悪いだろう

こんなこと聞いたら、笑われそう…

先生の大事なアドバイス

☑ 社員に対し、それぞれの感じ方や価値観を調べたうえで、個々の社員に応じたコミュニケーション方法で接するようにしていくことが必要です。

☑ 自分にとって言われてうれしいことや、求めていたことであっても、すべての社員が同じように感じるとは限りません。社員の反応がいまひとつだなと感じたときは、思い切って本人に直接聞いてみましょう。

CHAPTER 5　SECTION | 2　経営者のコミュニケーションスキル

基本のコミュニケーションスキル　①聞く

社長Aさん: 常にパソコンの画面を見ながら話をする、というのが当たり前になっていて……。話を聞くことに集中するにはどうしたらいいのですか。

先生: 社員の話を聞くときは、ほかの作業をしながらではなく聞くことに集中してください。話を誠実に聞いてもらえないことで、社員は自分に価値がないと捉えてしまい、モチベーションが下がります。あいづちを打ちながら聞くなど、話しやすい環境を整えましょう。

≫「聞く」は自分の思いを確認すること

　コミュニケーションには、「思っていることを相手に伝える」という目的があることから、「話す」スキルがもっとも重要であるかのように思われがちです。もちろん、「話す」スキルは必要ですが、実は**「聞く」ことのほうにより大きな意味があります。**

　例えば、人と話している最中に、自分が何を考えていたのかに気がついたという経験はありませんか。これは、目の前にいる相手に向かって話をしながらも、自分で自分が話していることを「聞いている」状態にある、と捉えられます。

　すなわち、自分の中にある考えや思いを、言葉にしていったんアウトプットし（話す）、それを改めて自分の中に取り込む（聞く）ことで、自身のアイデアをしっかりと認識することができるというわけです。

≫「聞く」ときの効果的な3つのテクニック

　人は自分の話を聞いてもらえないと、受け入れてもらえていない、自分に価値がないと捉えてしまいます。それだけに、相手の話をじっくり「聞く」ことは、信頼関係を築くうえでもっとも大事なコミュニケーションスキルのひとつ

といえます。

　ここでは、社員の話を「聞く」ときに実践しやすい3つのテクニックを紹介します。これらのテクニックを意識して、社員の話を積極的に「聞く」ようにしてください。

テクニック1　反復して理解を示す

相手の言葉をそのまま繰り返して相手に返す、いわゆる**「オウム返し」**といわれるテクニックを使って会話を続けます。こうすることで、相手に話を聞いていることをアピールできます。

（会話例）
社員A：「この仕事のことで少し気になることがあります」
社員B：「この仕事のことで少し気になることがあるんだね？」

テクニック2　あいづちを打つ

「ええ」「はい」「そうなんですね」「なるほど」といった**あいづちを、会話の途中に適宜いれましょう**。あいづちがあることで、相手は安心して話を続けられます。

テクニック3　促しをする

いったん話が終わったように見えても、何らかの理由で、相手はそれ以上話すことを躊躇しているだけかもしれません。そのようなときは、**「それから？」「ほかには？」と話を促してみましょう**。促された後に、「実は…」と核心をついた話が出てくることもよくあります。

先生の大事なアドバイス

- ☑ 話を聞くときは、目線を合わせて相手が話しやすい距離や環境に配慮しましょう。間違っても、書類や携帯端末を見ながら、あるいはパソコン画面に向かって作業をしながら話を聞くというような態度はやめましょう。
- ☑ 聞くふりをしながら、次に何を話そうか考えている、といったことはやめてください。相手の話を聞くときは、しっかりと相手の話に集中しましょう。

CHAPTER 5　SECTION | 2　経営者のコミュニケーションスキル

基本のコミュニケーションスキル　②質問する

社長Bさん: 社員が仕事を進めるにあたって、自分で考えて自分で動けるようになってほしいのですが、どうすればいいのでしょうか？

先生: 仕事の相談を受けた場合に、すぐに答えを伝えるのではなく、社員に「質問」をして自分で考えさせる場を与えることが効果的です。その際、答えが複数になるような聞き方である「オープンクエスチョン」を使うとよいでしょう。

≫ クローズドクエスチョンとオープンクエスチョン

　質問は、クローズドクエスチョンとオープンクエスチョンの2種類に分けられます。

　クローズドクエスチョンとは、**「はい」「いいえ」で答えさせるような聞き方**で、事実確認や意見を明確にし、自分の知りたい情報を収集するときに適した質問方法です。仕事を滞りなく進めたり、問題を解決したりしなければならないときに有効です。

[質問の仕方で答え方も変わる]

質問例

クローズドクエスチョン	「はい」「いいえ」で答えられる質問	○○しましたか？ ▲▲を持っていますか？
オープンクエスチョン	答えの内容が複数になる質問(6W1H) 「What(何)？」「When(いつ)？」 「Who(だれ)？」「Where(どこで)？」 「Which(どちらから)？」 「Whom(だれに)？」 「How(どのように)？」を使う	どんな会社にしたいと思いますか？ 何があったら目標を達成できますか？

一方、オープンクエスチョンは、**答えの内容が複数になるような聞き方**です。相手の考えをまとめさせたり、アイデアを引き出したりする場合に効果的な聞き方です。相手の思考力を刺激することにもつながります。

　したがって、社員に、自ら考えて実践する人材になってもらうには、クローズドクエスチョンとオープンクエスチョンを**場面に応じて使い分けることが大事**です。

≫ 質問をするときの注意点

　一般的には、クローズドクエスチョンのほうがよく使われており、オープンクエスチョンを使ったコミュニケーションはまだ少ないようです。また、質問の意味は同じでも、使う言葉によって相手の捉え方は異なります。

　例えば

> 「なぜ、できなかった？」
> →「できなかった理由は、どこにあると思う？」
>
> 「なぜ、売れないのか？」
> →「売れるためには、何をしたらいいと思う？」

と言い換えることができます。

　質問の仕方次第で、社員の能力や可能性を広げることも大いに期待できます。オープンクエスチョンをうまく使って、社員の考えやアイデアを引き出してみましょう。

> **注意　「WHY（なぜ）？」を使うときは要注意**
> 「WHY（なぜ）？」もオープンクエスチョンですが、相手を詰問する際にもよく使われます。「なぜ、できなかった？」「なぜ、売れないのか？」といった聞き方は、相手を追い詰め、積極的な行動を奪うことがありますので注意が必要です。

先生の**大事な**アドバイス

- ☑ 社員から仕事上の相談をされたときは「あなたはどうしたらいいと思う？」と質問してみましょう。社員自身に考えさせることで指示待ち社員から変わるきっかけとなります。
- ☑ 社員が何ごとも積極的に行動に移していくことができるようにするためには、「何からやりたいですか？」という質問が有効です。社員が実践に移せるようなサポート態勢を整えていくことも経営者の大事な仕事です。

CHAPTER 5　SECTION│2　経営者のコミュニケーションスキル

基本のコミュニケーションスキル　③承認する

社長Aさん： ついつい社員に向かって「キミ」とか「あなた」などと言ってしまいます。社員は名前で声かけをしたほうがいいですか？

先生： 社員を名前で呼ぶことは相手の存在を認める行為でもあり、相手を「承認する」ことにもつながります。また、社員を承認することは、彼らのやる気や自発的な行動を促す効果がありますので、まずはできることからやってみてください。

≫「承認する」とはどういうことか

「承認」は「評価」とは異なります。「承認する」とは、相手の存在をそのまま認め、受け入れることです。相手を評価するコミュニケーションとは別に、「**できなかったことができるようになったね**」「**ここまでできたね**」という事実を本人が気づく前に伝えましょう。言われた相手は自己成長を実感するとともに、やる気や自発的な行動につながります。

また、相手に伝える場合、次の2つの立場が考えられます。「**YOUの立場**」は日常的によく使用される伝え方ですが、自分の視点で相手を評価することになるため、目上の人に対しては適当ではありません。一方、「**I の立場**」は自分にとっての事実をそのまま伝えるため、言われた側も抵抗なく受け取れます。

[相手に伝えるときの視点の違い]

立場	内容	例
YOUの立場	自分の視点から相手を見て評価する	人の意見を気にする人だね
I の立場	自分にとっての事実を伝える	私はあなたが●●したことは、刺激になって感動したよ

≫「承認する」ときの効果的な3つのテクニック

会社で、社員を「承認する」ときに実践しやすい3つのテクニックを紹介します。どれもすぐにできて効果があるテクニックです。

テクニック1 挨拶をする

挨拶をするということは、相手の存在を認めることでもあります。マナーだからというだけではなく、社員の存在を「承認する」という意識をもって、挨拶をしましょう。

社員へは、できるだけ名前で呼びかける！

君、これコピーしてくれる？

○○ちゃん、報告書はどうなってるかな？

テクニック2 名前を呼ぶ

「相手の名前を呼ぶ」ということも、相手の存在を認めることにつながります。

「吉川さん、おはようございます」
「田中さん、資料の作成お願いします」

と名前を呼んでから話しかけることで、**誰に向けて言っているのかが明確になり**、メッセージが伝わりやすくなります。

あだ名で呼ぶ、「ちゃん」づけなども、社内の風紀やセクハラ、パワハラの問題などもあるのでオススメできない。

白石君、今日の予定は？

テクニック3 「I（アイ）の立場」で伝える

社員に対して、思うことや気づきがあった場合は、ぜひ**「Iの立場」で伝えましょう**。自分の行動や話が周囲に影響を与えているとわかった社員は、こちらの思いをしっかりと聞いてくれるはずです。

先生の大事なアドバイス

- ☑ 経営者には、自分自身に厳しく、他人にも厳しさを求めてしまう人も多くいます。しかし、社員の存在を認めて「承認」するためには、まず経営者自身が、ありのままの自分を受け入れる「自己受容」ができていなければ、他人を認めることができません。社員を承認することも大事ですが、自分自身を承認することも心がけてください。
- ☑ 社員が仕事をすることを当たり前という立場ではなく、社員の存在に感謝することが大事です。「この仕事の対応をしてくれて助かったよ」「いつも朝早くからありがとう」という感謝の言葉も「承認」のひとつとなります。

CHAPTER 5　SECTION | 2　経営者のコミュニケーションスキル

指示命令型マネジメントとコーチ型マネジメント

社長Bさん: 自分で考えて動いてくれる社員を育てていきたいのですが、これからの時代に合ったマネジメント方法とはどういったものですか？

先生: 上司と部下とで双方向のコミュニケーションを交わすことで、部下のやる気を引き出し自発的に動いてもらうことを目指す「コーチ型マネジメント」という手法があります。一方的に指示命令をするマネジメントとは異なり、社員自身に考えさせる、という特徴があります。

≫ 経済状況によって変わるマネジメント方法

　<u>終身雇用</u>が主流の高度経済成長期には、指示命令型のマネジメントで社員を動かすことができました。というのも、社員は指示命令されたことをキッチリとやっていれば、ある程度の生活が生涯保障されていたからです。

　ところが、低成長時代の現在は、少子高齢化による労働力人口減少、終身雇用制度の崩壊、非正規社員の増加という環境や、個人主義的な考え方が広がり、昔ながらの指示命令型マネジメントでは機能しなくなってきました。

> **用語　終身雇用**
>
> 新卒で入社してから定年までひとつの会社に雇用されることを終身雇用といいます。高い経済成長率を上げていた時代に定着していた日本型の雇用制度です。不況の現在では、終身雇用制度はほぼ崩壊し、成果主義を採用する会社が増えつつあります。

　また、"幸せの基準"や一人ひとりの価値観も多様化し、経営者は社員の行動をただ管理するだけではなく、社員の個性・価値観を尊重しつつ社員のもつ能力を最大限に引き出し、組織の進む方向へ適合発展させていくためのマネジメント力が求められてきているのです。

　そこで**有効となってきているのが、コーチ型マネジメント**と呼ばれる方法です。

≫2つのマネジメント方法を使い分ける

　指示命令型マネジメントは、どちらかというと**「上司⇒部下」と一方的なコミュニケーション**であることに対して、コーチ型マネジメントは**「上司⇔部下」と双方向のコミュニケーション**を交わすことで、部下のやる気を引き出し、自発的に動いてもらうことを目指す、という違いがあります。

　例えば、指示命令型のマネジメントでは行動を起こせなかった社員であっても、やれない理由を聞くことで自ら行動に移すためのサポートをする、というコーチ型マネジメントが有効となるケースもあるわけです。もちろん、どちらが悪くて、どちらがいいというものではありません。**それぞれのケースや社員のタイプに応じて、アプローチ方法を変えて向き合っていく**ことが大事です。

[指示命令型マネジメントとコーチ型マネジメントの違い]

指示命令型マネジメント

●●さん、この間お願いした△△の件、まだだよね。やっておいてね

指示命令のみ

コーチ型マネジメント

●●さん、この間お願いした△△の件、まだだよね。やっていない理由はどんなところにあるのかな？

やらない理由を聞いて行動をサポートする

先生の大事なアドバイス

- ☑ 幹部社員や管理職、ベテラン社員など一定の知識と経験をもっている社員に対してはコーチ型マネジメントが機能します。一方、新入社員には、ある程度のレベルに達するまでは指示命令型マネジメントを行う必要があるでしょう。
- ☑ コーチ型マネジメントが機能する最大の理由は、押しつけではなく、自分自身で決断と実践ができるという点です。一方的に押しつけられても社員は動きません。経営者の関わり方を変えて、社員の自発性を引き出してください。

CHAPTER 5　人材育成と職場のコミュニケーション

CHAPTER 5　SECTION | 2　経営者のコミュニケーションスキル

社員を褒めるポイント

> 面と向かって褒めるのが照れくさくて苦手です。できるだけ自然な感じで相手を褒めるコツはありますか？
> ― 社長Aさん

> まずは褒めるときのポイントを意識して実践してみましょう。慣れることで自然に褒めることができるようになります。また、社員の改善点が気になって褒められないときは、褒めた後に本人に許可を得て改善点を伝えるといいでしょう。
> ― 先生

≫ 社員を褒めるときの3つのポイント

相手の存在をそのまま受け入れる「承認」のスキルとは別に、仕事を進めていくにあたっては社員を「評価」するスキルも必要です。ところが、「褒めることに慣れていない」「褒めるのは苦手」という声も少なくありません。ただ、褒められて悪い気持ちになる社員はいません。次の3つのポイントを意識して実践してみてください。

ポイント1　タイミングよく褒める

褒めるに値する行動があったときは、その場ですぐに褒めるのが効果的です。後になって褒めても何を褒められているかわからず、伝わりにくくなります。

ポイント2　いまできていることを褒める

年齢も若くキャリアの浅い社員は、できることよりもできないことのほうが多いものです。会社からすると、できて当たり前と捉えてしまうようなことでも、社員に自信をもたせることを考えるならば、できていることに焦点を当てしっかりと褒めてあげましょう。

（例）「始業開始前に早く来て、仕事の準備に取りかかっているね」
　　　「この間教えた●●●の作業ができるようになったね」

ポイント3　具体的に褒める

「頑張っているね」という抽象的な褒め方より、「挨拶がスムーズになって、笑顔がお客様に好印象だったね」「入力作業が早くなって助かるよ」など、**具体的な事実や成長を伝えて褒めましょう**。なお、社員の小さな成長を見逃さないためにも、常日頃から社員に関心をもって見守ることが大事です。

改善点は褒めることとは別に伝える

褒めるべきところと改善してほしいところがある場合は、どのように伝えればよいのでしょうか。大事なのは、**褒めることと改善を促すことは区別して伝える**ということです。「○○はいいけど、××が足りない」という言い方では、相手にとっては注意されたことだけが印象に残り、褒められたとは受け取れません。このような場合は、褒めた後に、本人に許可を受けたうえで改善点を伝えるというのが大事です。

[改善点の伝え方]

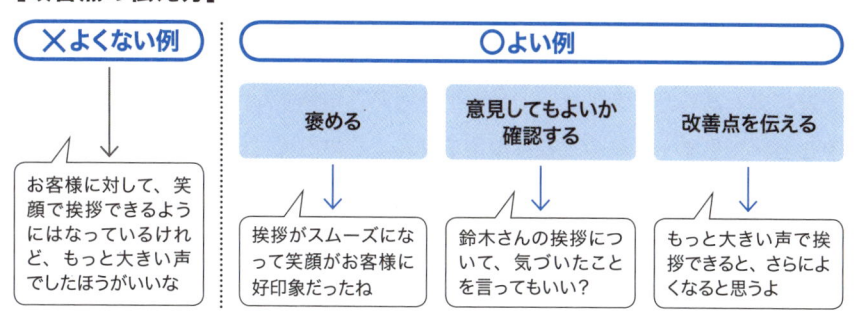

✕よくない例	○よい例		
	褒める	意見してもよいか確認する	改善点を伝える
お客様に対して、笑顔で挨拶できるようにはなっているけれど、もっと大きい声でしたほうがいいな	挨拶がスムーズになって笑顔がお客様に好印象だったね	鈴木さんの挨拶について、気づいたことを言ってもいい？	もっと大きい声で挨拶できると、さらによくなると思うよ

先生の大事なアドバイス

- ☑ 褒めるときは、ほかの社員の前で褒めるのも効果的です。褒められた社員のモチベーションが上がることはもちろんですが、どのような行動が褒めるに値することなのかをほかの社員に具体的に目指すべき行動を明確に伝えることが可能です。
- ☑ 経営者から社員、社員から経営者、あるいは社員同士で感謝や讃える言葉を書いて渡し合う「サンクスカード」のしくみを使い、互いに褒めやすい環境を整えることも有効です。小さなことでも褒められるとやる気が出るものです。

CHAPTER 5　SECTION | 2　経営者のコミュニケーションスキル

問題行動を指摘し、改善を促すように叱る

> つい感情的になって、ほかの社員がいる前で叱責してしまうことがあるのですが…。
> 社長Cさん

> 叱るときは、社員の自尊心を傷つける可能性があるため、できるだけ人前ではなく、個別に対応するようにしてください。また、感情的に叱るのではなく、問題行動のみを指摘し、改善を促す叱り方が効果的です。
> 先生

≫ 社員を叱るときの3つのポイント

　最近では、叱ることを後回しにしてしまう経営者も多いようです。しかし、**問題行動があったときには、その場できちんと指摘しないと、本人の自覚を促すことができず、今後の改善も望めません。**そのうえ、ほかの社員には「この会社は何をやっても叱られない」という不信感を与え、仕事へのやる気も低下させてしまいます。叱るのはエネルギーのいることですが、次のポイントを意識して実践してみてください。

ポイント1　何が問題行動かを指摘する

　「だから、お前はダメなんだ」といった人格を否定するような叱り方はNGです。**叱るときは、人ではなく問題行動にフォーカスして注意をしてください。**例えば、遅刻をした場合、「遅刻という行動」が問題だったことを指摘したうえで叱りましょう。

> ほんと、ダメなヤツだな
> 親の顔が見たいよ！
> ✕✕✕

> 杉田さん、明日はあと5分早く家を出ようね
> ○

また、最近の若手社員の中には、問題行動の根拠を求めてくるケースが少なくありません。そこで、あらかじめ**就業規則の服務規律に問題行動となる事例を列挙しておく**といいでしょう。具体的に提示することで、相手も受け入れやすくなります。

ポイント2 改善してほしい点を伝える

社員としては、問題行動を指摘されても、具体的な改善策がわからなければ改善のしようがありません。社員が、自身の問題行動を認識し、行動を改善するところまでもっていけるような叱り方が大事です。そのためには、**どのように改善してほしいのかについても明確に伝えましょう。**

ポイント3 知らないことを叱らない

経営者が当たり前だと思っていることを、社員が知らないということは多いものです。このような場合、いくら叱っても、社員の行動は変えられないでしょう。まずは、必要なルールや知識をいち早く身につけてもらうよう、根気強く指導していくことが必要です。

≫ 叱っても問題行動が改善しないときは

問題行動があった場合、本人を叱ったうえで（口頭注意）、どのような指導を行ったのか、時系列順に記録をつけておくといいでしょう。なお、何度叱っても問題行動が改善しない場合には、就業規則の懲戒規定に従って懲戒処分を検討する必要もあります。

ただし、問題行動の程度に比較して重すぎる処分は違法になりますので、注意してください。

> **先生の大事なアドバイス**
> ☑ 問題行動が多発している場合を除いて、叱るときはできるだけ人前では叱らずに、個別に対応するようにしましょう。ただし、幹部社員や管理職を叱る場合は、あえて部下の前で叱ることで「自分のミスで上司が叱られた」という認識をもたせる効果もあります。
> ☑ 叱るほうが感情的になると、叱られる側も感情的に反応してくる可能性があります。できるだけ、ニュートラルな態度を心がけましょう。

CHAPTER 5　SECTION | 3 やりがいの与え方

会社の未来について考え、ビジョンを明確にする

社長Bさん: 会社のビジョンを考えるときに注意しなければならないことを教えてください。

先生: 会社経営の行き先がわからないと、社員は自分の仕事をする意味がわからず不安や不満が募ってしまいます。社員とビジョンを共有するためにも、できるだけ具体的なビジョンのイメージを作ることが大事です。

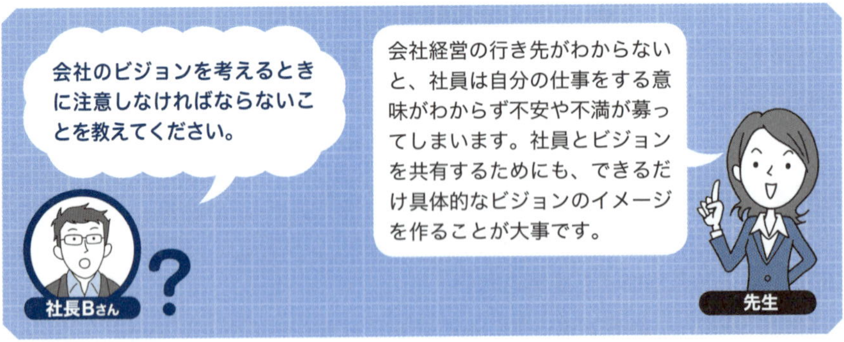

≫ 会社のビジョンを明確にする

　経営者だからといって、「5年後、会社をどのようにしたいですか」と聞かれ、誰もがすぐに答えられるとは限りません。でも、旅行には旅の目的地が、マラソンにはゴールがあるように、会社経営も「どこへ向かっているのか」という行き先がわからないままだと、社員の中には不安や不満が募ってきてしまいます。

　そこで、必要となってくるのが**会社のビジョン**です。ビジョンがはっきり示されていると、自分がいまやっている**目先の仕事がもつ意味を理解できるようになり、日々の出来事の捉え方が変わります**。

　すると、一見マイナスに思えるような出来事も、会社の未来のためには必要不可欠なことであるとプラスに捉えることができるようになり、より冷静で、かつ戦略的な対応ができるようになります。

　現在、会社のビジョンがはっきりと言えないという経営者は、ぜひビジョンを明確にしてください。

> **補足　会社のビジョンとはどういうことか**
> 会社のビジョンには、
> 「会社の社会的な存在意義」
> 「会社を創業した理由」
> 「会社が目指す、最終的な状態」
> などが含まれます。

≫ 未来について考える時間を確保する

　ビジョンは新しく作るというより、すでに経営者の中にあるものです。「そんな先のことはわからない」と思っていたとしても、誰でも必ず1つや2つは「こうなりたい」という未来のイメージをもっているはず。先のことが思いつかないのではなく、未来について考える時間を確保していないから気づいていないだけなのです。まずは、じっくり未来について考える時間を確保しましょう。

　また、**ビジョンは具体的なイメージができるように作りましょう**。概念的すぎる言葉では、おそらく社員に伝わりません。例えば、「地域密着型のレストランを目指す」というのであれば、「地域密着」の部分について、「地元の人が家族で利用する」「地域の行事に参加する」「地元の人たちの口コミで話題になる」というように具体的にしていきます。

[ビジョンを明確にするための質問例]

- Q あなたの会社は、なぜ設立されたのですか？
- Q 他社とは違う、あなたの会社の強みとは何ですか？
- Q 5年後にどうなっていたいですか？
- Q あなたの会社が担っている役割は何ですか？
- Q あなたの会社が周囲に伝えたいメッセージは何ですか？

> 社長はこれらの質問に対して「できるだけ具体的に」イメージしてみてください

先生の大事なアドバイス

- ☑ 最初から完璧なビジョンができなくても問題ありません。ビジョンは随時修正して明確にしていくものですので、まずは漠然としたイメージから作り始め、具体的な目標へと細分化していくとよいでしょう。
- ☑ 社員にお金以外のやりがいを感じてもらうためにも、会社のビジョンを明確にし、社員と共有することが大事です。

CHAPTER 5　人材育成と職場のコミュニケーション

CHAPTER 5　SECTION | 3 やりがいの与え方

会社のビジョンを社員と共有する

社長Cさん: 社員とビジョンを共有するために、個々の社員のキャリア目標を理解することが必要なのはなぜですか？

先生: 会社の目標を「会社から与えられた目標」と捉えたままだと、社員は自分の問題として捉えることができません。各社員の仕事における自己実現の状態（キャリア目標）を明確にし、会社の仕事とキャリア目標と一致させることが大事なポイントです。

≫ 社員とビジョンを共有する

「社員が会社を自分の問題として捉える」ためには、会社のビジョンを社員と共有することが必要です。これができない限りは、どんなに待遇や給料がよくても、社員は会社を「他人の問題」として捉えます。

例えば、売上目標があったとします。社員が、この目標を「会社で決められたものだから」「与えられた課題だから」といった気持ちで受け止めている場合と、「自分で納得して決めた目標である」という意識をもつことができる場合とでは、目標達成にかけられるエネルギーが違います。

「会社として利益を出すこと＝社員の自己実現（自己成長）」が一致したとき、社員は、会社の仕事を主体的に捉えられるようになり、大いに能力を発揮します。

したがって、会社の目標を確実に達成するためには、会社が一方的に与えたものではなく、社員が自ら納得して決めた目標であるということが絶対条件となるのです。

≫ 社員の仕事における自己実現をサポートする

それでは、どのようにして社員とビジョンを共有したらよいのでしょうか。

ビジョン共有方法のひとつとして挙げられるのが、社員の仕事における自己実現をサポートすることです。

これは、個々の社員に対し、「仕事に対する思い」「価値観」「経験」「強み」などを整理させることで、今後何を実現したいか、どういう存在になりたいかなどを明確にしていくというものです。

[社員のキャリアの目標を整理させるための質問例]

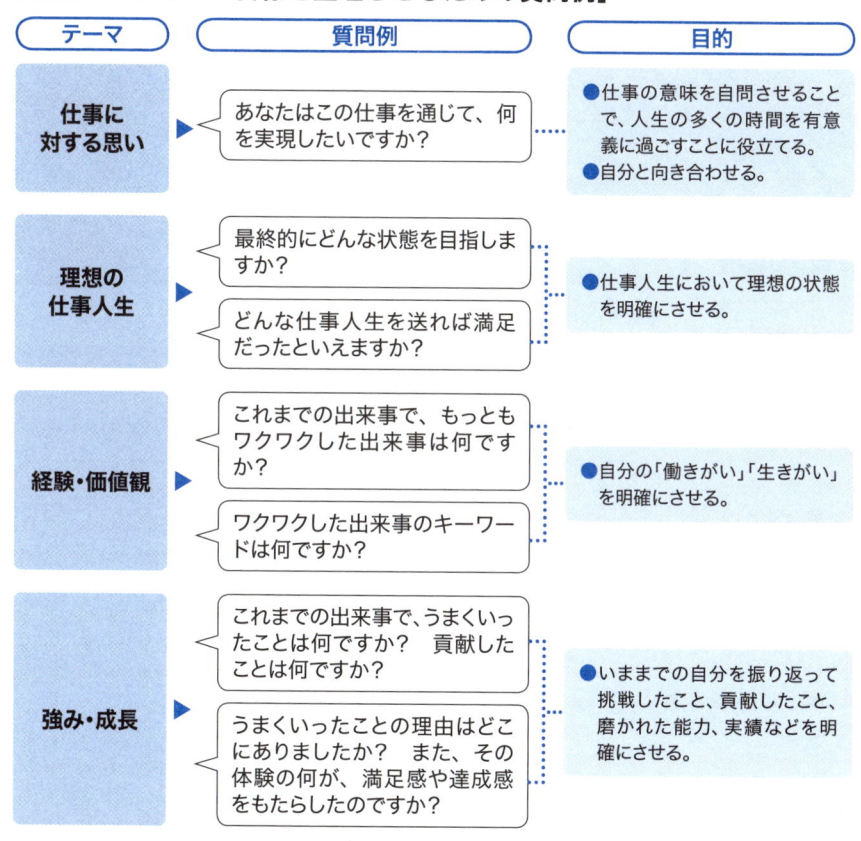

テーマ	質問例	目的
仕事に対する思い	あなたはこの仕事を通じて、何を実現したいですか？	●仕事の意味を自問させることで、人生の多くの時間を有意義に過ごすことに役立てる。 ●自分と向き合わせる。
理想の仕事人生	最終的にどんな状態を目指しますか？ どんな仕事人生を送れば満足だったといえますか？	●仕事人生において理想の状態を明確にさせる。
経験・価値観	これまでの出来事で、もっともワクワクした出来事は何ですか？ ワクワクした出来事のキーワードは何ですか？	●自分の「働きがい」「生きがい」を明確にさせる。
強み・成長	これまでの出来事で、うまくいったことは何ですか？ 貢献したことは何ですか？ うまくいったことの理由はどこにありましたか？ また、その体験の何が、満足感や達成感をもたらしたのですか？	●いままでの自分を振り返って挑戦したこと、貢献したこと、磨かれた能力、実績などを明確にさせる。

先生の大事なアドバイス

☑ キャリア目標の整理作業は、社内ミーティングとは別にそのための時間を確保して、社員同士で楽しみながら実施するのも効果的です。お菓子やコーヒーなどを用意して、リラックスして取り組むとよいでしょう。

☑ キャリア目標の整理をすることで、経営者は社員一人ひとりがどのような経験をし、どのような価値観をもっているかを確認できます。

CHAPTER 5　SECTION | 3　やりがいの与え方

目標設定とアクションプランの作成方法

社長Cさん： どうすれば社員も納得して取り組んでくれるような目標を設定することができるのでしょうか？

先生： 会社として各社員に望む役割や仕事内容を明確にしたうえで、具体的な目標設定を行うことが大事です。会社と社員の双方で目標設定にコミットメントするためにも、社員本人に具体的なアクションプランを作成させることが大事です。

≫ 会社と社員が共有できる目標を立てる

　会社のビジョンから逆算し、会社として各社員に望む役割や仕事内容を明確にしたうえで、具体的な目標設定を行いましょう。

　そもそも目標は他人から、ただ与えられるべきものではありません。一方的に押しつけた目標は、絵に描いた餅になる可能性が高くなります。社員本人が、その目標に対して意味を感じなければ目標達成は難しいでしょう。**掲げた目標に対し、会社と社員の双方でコミットメントする**ことが大事です。

　まず、仕事上での課題が解決した状態や、望ましい状態を明確にします。「いつまでに、どんな状態になるといいのか？」「いま、一番重要な目標は何か？」といった質問を使って引き出しましょう。

　そのうえで、目標を達成したかどうかの判断について、できるだけ客観的な基準を設定しておきます。また、目標達成の過程で学ぶもの、身につけるものや、自分の内部的な変化なども併せて明確にしておくとよいでしょう。

> **用語 コミットメントする**
> ビジネス用語として使うときは、責任を伴う約束・公約・決意表明のようなものを表します。個人や組織の目標を明確にして掲げ、全員で確約するというときに使います。

[目標達成の基準とその過程で学ぶもの]

目標達成の基準 — 具体的事項
- 売上を●%アップ
- ●●の作業時間を2分の1に！
- ●●の業務をアルバイトに引き継ぐ

目標達成の過程で学ぶもの
→ 自分に自信がつく
→ 連携がとれるようになる
→ 会社全体のことを考えられるようになっている

≫アクションプランの作成方法

目標が明確になったら、具体的にその目標を達成するための**アクションプラン（行動計画）**を作成し、段階的にやることをピックアップしていきましょう。

[目標達成のためのアクションプラン]

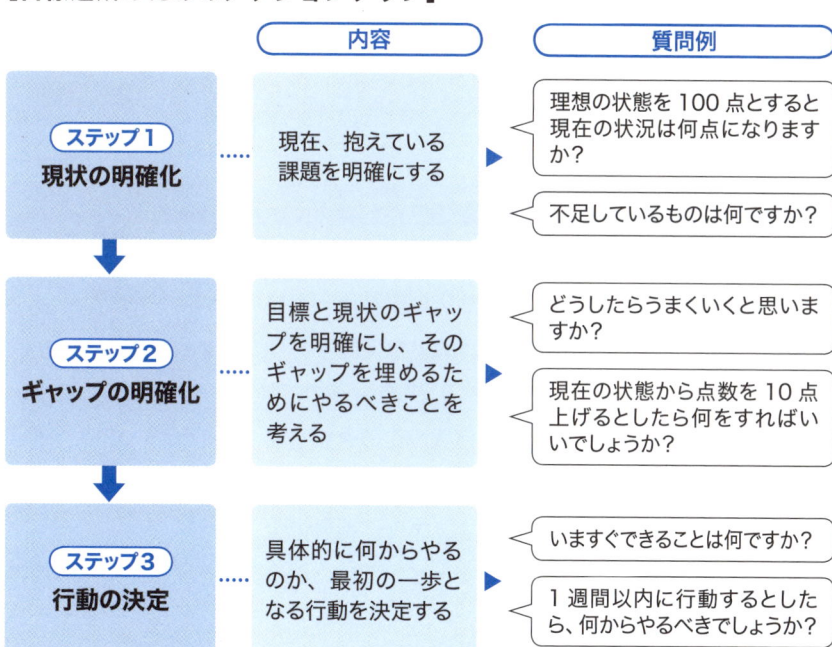

	内容	質問例
ステップ1 現状の明確化	現在、抱えている課題を明確にする	理想の状態を100点とすると現在の状況は何点になりますか？／不足しているものは何ですか？
ステップ2 ギャップの明確化	目標と現状のギャップを明確にし、そのギャップを埋めるためにやるべきことを考える	どうしたらうまくいくと思いますか？／現在の状態から点数を10点上げるとしたら何をすればいいでしょうか？
ステップ3 行動の決定	具体的に何からやるのか、最初の一歩となる行動を決定する	いますぐできることは何ですか？／1週間以内に行動するとしたら、何からやるべきでしょうか？

先生の大事なアドバイス

☑ 目標設定の期間は1年で設定します。1年後に目標を達成するために、6か月後、3か月後、1か月後、1週間後と逆算していき、それぞれの時期にどういう状態を目指すのかを明確にしていくと行動に落としやすくなります。

☑ 答えられない質問に、無理に答えさせる必要はありません。答えられる質問に焦点を当てて、社員の目標を明確化してください。

CHAPTER 5　SECTION | 3　やりがいの与え方

社員との定期面談を実施する

> 社員との定期面談はどれくらいの頻度で行えばいいのでしょうか？ 具体的にどのようなことを話せばいいですか？
> ― 社長Aさん

> 社員との面談の頻度は会社で自由に決定できますが、一般的には2か月～6か月の頻度で実施します。面談では「面談の目的」「仕事の評価や要望」「今後の方向性や期待する役割」「本人からの要望」などを話すとよいでしょう。
> ― 先生

≫ 定期面談の目的とは

　目標管理や**人事評価**をするための面談はもちろん、人事制度がない会社であっても、経営者が**社員一人ひとりと定期的に面談を行う**ことには大きな意味があります。

　面談で、社員とともに策定した目標設定の進捗状況を確認したり、ふだんは言えないことや気になっていることをリクエストしたりできます。また、今後の会社の方向性を話したりすることによって、互いの信頼関係を深める効果も期待できます。

　なお、**面談は思いつきで行うのではなく**、「日時」「目的」「テーマ」などを**前もって通知し、準備をしたうえで実施**してください。面談の頻度としては、2か月～6か月に1回くらいの割合で実施してみましょう。

　また、面談は、次ページのような流れで、1人あたり30～60分くらいを目安に行うとよいでしょう。経営者は、社員がリラックスして話ができるような環境づくりを心がけることも忘れないでください。

補足　人事制度の評価基準
人事は、社員の個別情報を能力・業績・適性などテーマごとに把握したうえで、一定の基準に照らし合わせて評価して決定します。人事考課ともいわれます。

[社員との面談の流れ]

	ステップ	質問例	注意点
❶	挨拶	「いつもありがとう」 「せっかくの機会なのでリラックスして臨んでください」	社員の緊張をほぐすような声をかける。
❷	面談の目的を伝える	「今日は●●●の目的でお話しできればと思います」	
❸	現在の仕事についてのねぎらいと進捗の確認を行う	「●●について、よくやってもらって助かります」 「目標に対してどこまで進んでいますか」	社員のいまの状態を承認する。
❹	現在の仕事の評価、要望を伝える	「●●の仕事の精度を上げてください」 「●●の仕事について比重を増やします」	
❺	今後の会社の方向性と期待する役割を伝える	「業務拡大をするため、●●の分野の担当をお願いします」 「チームリーダーとして部下を指導してください」	今後の目標について共有する。
❻	本人からの要望を聞く	「要望やリクエストがあればどうぞ」 「仕事を進めていくうえで、何か気になっていることはありますか」	即答できない要望は、後日答える。
❼	面談で話し合ったことの確認をする	「●●と●●について確認しました」 「●●の件は、後日改めて連絡します」	決まったことと保留事項の確認をする。
❽	挨拶〜終了	「面談、お疲れ様でした」 「これからも期待しています」	今後、社員のほうから声をかけやすいように配慮する。

CHAPTER 5　人材育成と職場のコミュニケーション

先生の大事なアドバイス

☑ 社員の要望を聞きたがらない経営者も多いようですが、「聞く」ことと「受け入れる」ことは異なります。話をいったん聞くだけでも社員の不安や不満は軽減されます。面倒くさがらず聞くようにしてください。

CHAPTER 5　SECTION | 3　やりがいの与え方

配置転換は長期的視点に立って行う

問題の多い社員に対して配置転換は果たして有効なのでしょうか？
社長Cさん

中小企業では、協調性がない社員や能力が低い社員などを見極める機会として配置転換を行うケースがあります。実際に環境や仕事内容が変わることで社員の態度が改善することもありますので、すぐに結論を出さずに長期的な視点をもった対応が大事です。
先生

≫ 配置転換の主な目的を理解する

配置転換とは、会社の中で、社員の配置や担当業務を変えることをいいます。配置転換の目的は、大きく次の3つに分けられます。決して思いつきで行うのではなく、目的を明確にしたうえで実施してください。

目的1　社員の能力開発および人材育成のため

どんな会社も、将来的に顧客からのニーズにより幅広く対応していくためには、社員一人ひとりの能力向上が求められます。特に、将来の幹部社員の育成を目指すのであれば、自社についての幅広い知識と経験をもたせることが必要となります。

社員の能力開発や人材育成を目的として配置転換する場合は、**該当社員を「どのような人材に育てていきたいか」という長期的視点で考えなければなりません。**そこでまずは、現在の会社の各仕事を行ううえで必要な能力や資格を明確にした**スキルマップ**を、会社のルールづくりの一環として就業規則などと同じ位置づけで作成してみましょう。配置転換でどのような能力が求められているのかが理解しやすくなります。

> **用語　スキルマップ**
> 各仕事を行ううえで必要な能力や資格などを明確にした表のこと。一般的には、縦軸に職種や業務を、横軸に勤続年数や役職を配置し、それぞれ必要とされる能力を明確にしています。これにより、会社として足りない能力や各社員が身につけるべき能力が確認できるようになります。

> **目的 2** 人員補充のため

　やむをえず離職者が出た場合など、人員補充のために余裕がある部署から異動させるケースがあります。

　中小企業では、離職者の補充に対して、新規採用を検討する前に配置転換を考えるのはよくあることです。会社運営においては必要な措置ではありますが、**目先の人員補充だけを目的とした配置転換では、該当社員のモチベーションにも影響を与えます。**人員補充であっても、人材育成を目的とした場合と同様、できるだけ長期的視点をもって実施してください。

> **目的 3** 問題社員の見極めのため

　配置転換は、「仕事を進める能力が足りない」「上司に反抗的な態度をとる」「協調性が足りない」など<u>問題社員に対する処遇</u>の一貫として行う場合があります。

　例えば、営業職で採用した社員について、何度指導しても営業として能力が不足している場合、製造部や総務部へ配置転換を行うなど、**会社は他部署での適性を考慮する必要があります。**というのも、環境や人間関係が変化することで社員のパフォーマンスも変化する可能性があるからです。

　配置転換後の社員の経過を観察したうえで、今後の社員への処遇を判断することが大事です。

補足：問題社員でも、即解雇は不可

現在の日本の法律では、問題行動がある社員であっても簡単に解雇することは許されていません。解雇するにしても、解雇に至る会社の対応や手順が、その解雇の有効性を左右するため注意が必要です。

先生の大事なアドバイス

- ☑ 中小企業の場合は、目先の出来事により社員の適性などを考慮することなく、安直に配置転換を実施するケースが多くあります。ただし、行き当たりばったりの対応は、後で問題が生じる可能性がありますので、長期的視点を忘れずに実施してください。
- ☑ 問題社員を見極めるためには一定の時間が必要です。焦らずにじっくりと見極めてから配置転換や解雇などの結論を出してください。

CHAPTER 5　SECTION | 3　やりがいの与え方

配置転換の実施とその他の人事異動

社長Aさん: 社員が配置転換の辞令を拒否してきました。社員に従わせることはできますか？

先生: あらかじめ就業規則や雇用契約書で配置転換を明記してある場合、仕事上の必要性があり、不当な目的でない場合は、社員の同意なく業務命令として行うことが可能です。ただし、本人には事前に説明するため個別面談を実施してください。

≫ 配置転換を実施するために必要なこと

　大前提として、会社は就業規則や雇用契約書に配置転換を実施することがある旨を明記したうえで、社員に周知しておかなければなりません。そうであれば、会社は、原則として社員の同意なく配置転換を実施することができます。

　ただし、業務命令であっても、きちんと社員本人と話し合う必要があります。遅くとも配置転換を行う1か月前までに、個別面談を実施して配置転換の目的と時期について伝えてください。

　また、**配置転換の内容を明確にするためにも、辞令（右ページ参照）を交付**するとよいでしょう。

　なお、業務上必要性がない場合や、不当な目的で実施した配置転換は無効となるケースもありますので注意してください。

[就業規則の記載例]

（人事異動）
第●条　会社は、業務の都合により、社員に異動（配置転換、転勤、職種変更、応援）を命ずることがある。社員は、正当な理由がない限りこれを拒むことができない。

[配置転換の辞令書式の例]

```
                                        平成○○年9月1日
  林田一平　殿
                                  株式会社エミリオ販売
                                  代表取締役　田中　広一　㊞

                  辞　令

  あなたを、平成○○年10月1日付をもって商品開発部への配属を命じます。

                                                    以上
```

≫ そのほかの人事異動

配置転換のほかにも、人事異動には「**転勤**」「**職種変更**」「**応援**」「**在籍出向**」「**転籍**」などの種類があります。会社のビジョンの実現や社員の成長を促すために、必要に応じて適切な人事異動を行ってください。

[人事異動の種類]

配置転換	転勤	職種変更
社員の配置や担当業務を異動すること	勤務地の変更や所属部門の異動のこと	職種を異動すること

応援	在籍出向	転籍
在籍する部署は変わることなく、ほかの部署の業務を応援するため勤務すること	出向元会社に在籍しながら、一定期間出向先会社の業務を行うため勤務すること	転籍元会社との雇用契約を終了（退職）し、転籍先会社と新しく雇用契約を成立（入社）させ、転籍先会社に勤務すること

先生の大事なアドバイス

- ☑ 社員から「今の職種は合わないから異動したい」と言われることもあります。人事権は会社がもちますが、トラブルを防ぐためにもあらかじめ就業規則や雇用契約書で人事異動について明記しておくことが大事です。
- ☑ 「転籍」は、転籍先会社の労働条件が適用されるため、必ず本人の同意を得なければなりません。この場合、「転籍に対する同意書」などの書面をとるように心がけましょう。

CHAPTER 5　人材育成と職場のコミュニケーション

Column 5

中小企業における人材育成の実態とは

◎ 中小企業における人材育成の実態とは

　中小企業における人材育成は、時間とお金の問題もあり、職場のOJT（13ページ参照）と本人の資質と常識に任せた教育しか行っていないケースもまだまだ多いのが現状です。また、社外研修（OFF-JT）の受講も、経営者のカンで場当たり的に行っており、せっかく習得した知識を自社の環境と自分の仕事に置き換えて判断することができないという問題も起きています。

　本来、社員研修は、自社における職種やレベルごとに必要な能力を身につける目的で受講させるのが原則です。社員研修を実施する場合は、まずはこの原則を押さえたうえで、受講する研修内容を決定するようにしてください。

◎ 研修の成果が出るために必要なこと

　最近では、費用をかけて社員研修を受講させても、成果が出ているかわからないという声も多くお聞きします。なぜこのようなことが起こるのかというと、もっとも大きな理由は、研修を受講した社員が研修で学んだことを職場で実践していないからです。

　意外と多くの会社が研修を受けさせただけで満足してしまい、研修を受けた後に感想やレポートを提出させることはあったとしても、その後の実践は社員任せにしてはいないでしょうか？　そもそも研修の本来の目的は、研修で学んだことを職場で「実践する」ために行われます。ところが多くの研修は「学ぶ」ことに焦点が当たっており、「実践」を本人の責任と意欲に任せてしまっています。

　もちろん、研修を受講した本人の問題もありますが、実は環境の問題も大きく影響しています。例えば、上司が研修後の社員をサポートするなど、社員が研修で学んだことを実践できる「場」と「しくみ」と「構造」を作ることが企業に求められています。

CHAPTER 6
社会保険・労働保険の手続きと書式例

- **SECTION 1** 社会保険・労働保険の手続きについて
- **SECTION 2** 社員入社時の手続きについて
- **SECTION 3** 定期の手続きについて
- **SECTION 4** 社員退職時の手続きについて

CHAPTER 6　SECTION | 1　社会保険・労働保険の手続きについて

社会保険・労働保険の手続き

社長Bさん: 社会保険・労働保険の手続きは、どういうときにどんなふうに行うべきなのでしょうか？

先生: 社会保険や労働保険の手続きは、「入社したとき」「退職したとき」といった事象ごとに発生します。すべての事象と手続きを押さえるのは難しいので、頻度が高い事象を押さえておき、それ以外の場合は書籍や役所などで確認して対応しましょう。

≫ 各種保険の手続きは事あるごとに必要

社会保険と労働保険の説明はCHAPTER 1のSECTION 3で行いましたが、これらの保険の手続きは、実務上「入社したとき」「出産したとき」「退職したとき」など、**事象ごとに発生**します。

社会保険の手続きは対応範囲も広いうえに社会保険と労働保険はそれぞれ保障内容・提出先・手続きが異なるので、慣れないうちは混乱してしまうこともあるかもしれません。そこでこの章では、最低限押さえておきたい「よくある手続き」について**書式と書式作成上のポイント**を掲載していきます。

≫ 社会保険の手続きをスムーズに行うポイント

煩雑な社会保険の手続きを効率よく行うポイントは、大きくわけて3つあります。

ポイント1　原則と例外で考える

社会保険の手続きはケースバイケースなのですが、「原則は●●」「例外は△△」というように、「原則」の手続

雇用保険の資格取得

- 原則：資格取得の手続きのみ
- 例外：結婚して、被保険者証と名前が変わっている！

きと「例外」の手続きを分けて整理することをお勧めします。

例えば、社員が入社したときには「健康保険・厚生年金保険被保険者資格取得届」を提出しますが、「原則」は、社員に年金手帳を提出してもらい、基礎年金番号の確認を行います。しかし、社員が年金手帳を紛失してしまっているケースもよくありますので、このような場合は「例外」として、社員の年金手帳の発行手続きも行う、と判断します。すなわち、**「原則は年金手帳を確認」「例外は年金手帳再交付申請書を添付」**というように整理するのです。

ポイント2 役所に通る書類を作成する

端的にいうと、**社会保険の手続きは「各役所に申請書類を通すこと」が大きな目的**です。したがって、書類を作成する際には「役所に通る書類を作成する」ことを意識することが大事です（決して虚偽の記載をするという意味ではありません）。

例えば社員が退職する際の「雇用保険被保険者離職証明書」を作成するとき、各月で支給されている給料に差がある場合、あらかじめ「残業増」「歩合給増」などと備考欄に記載をしておけば、役所での確認を省くことができます。

申請書類を作成するときは、「役所がどのようなことを確認したいのか」を意識する。チェックポイントを満たした書類を作成することで、スムーズに手続きを行うことが可能になる。

ポイント3 不安なときは素直に役所に確認する

実務上どうしてもわからない手続きに遭遇した場合の一番の近道は、素直に各役所に確認することです。わからない箇所があるまま書類を提出したものの添付書類が不足していて、2度手間3度手間となるケースなどがあります。確認する手間を省いたために、その何倍もの労力と時間を浪費してしまう、ということも実際にはよくあるのです。

> **先生の大事なアドバイス**
> ☑ 書類提出時に手に入れたノウハウは、必ず記録を残すようにしましょう。
> 　今後同様な事象に遭遇したときに応用することができます。

CHAPTER 6　SECTION | 1　社会保険・労働保険の手続きについて

会社として社会保険・労働保険に加入する手続き

社長Bさん: 社会保険・労災保険・雇用保険すべてに加入する手続きをしようと思っています。何か注意点はありますか？

先生: 社会保険、労災保険、雇用保険は加入要件と手続きが異なります。自社が加入すべき保険をチェックしたうえで、各役所へ届け出てください。なお、社会保険と雇用保険は、会社の加入手続きとは別に社員の個別加入手続きも必要です。

会社が社会保険に加入する手続き

法人の場合は、原則として社会保険に加入しなければなりません。

　会社が社会保険に加入するためには、「健康保険・厚生年金保険新規適用届」（書式例196ページ）を会社の所在地を管轄する年金事務所に提出します。このとき、添付書類として「法人（商業）登記簿謄本」が必要になります。もしも登記簿謄本と実際の会社所在地が異なる場合は、別途「賃貸契約書の写し」も必要となりますので注意が必要です。

　また、社会保険料は銀行引き落としで支払うのが一般的なので、引き落とし口座を指定するために「保険料口座振替納付申出書」も提出します。

> **注意 社会保険の加入**
> 個人事業でも一定の要件を満たした場合は、加入が必要です（詳細は28〜31ページ参照）。

> **注意 労災保険の加入**
> 1日だけのアルバイトや勤務時間が短いパートタイマーでも加入する必要があります。

> **注意 雇用保険の加入**
> 1週間の所定労働時間が20時間以上で、31日以上継続して雇用する見込みがある社員を1人以上雇入れた場合、アルバイトやパートタイマーであっても加入します。

[社会保険に必要な書類]

- 健康保険・厚生年金保険新規適用届
- 保険料口座振替納付申出書
- 登記簿謄本

≫会社が労働保険に加入する手続き

労働保険には、「労災保険」と「雇用保険」の2種類があります。

会社が労働保険（労災保険）に加入するには、会社の所在地を管轄する労働基準監督署に**「労働保険　保険関係成立届」**（書式例198ページ）を提出します。法人の場合は「法人（商業）登記簿謄本」を添付して届け出ましょう。なお、**労災保険は会社単位で加入する保険のため、社員個々人の加入手続きは不要**です。

≫会社が雇用保険に加入する手続き

会社が雇用保険に加入するためには、会社の所在地を管轄するハローワーク（公共職業安定所）に、**「雇用保険適用事業所設置届」**（書式例199ページ）を提出します。添付書類として、法人の場合は「法人（商業）登記簿謄本」、先に労働基準監督署に提出した「労働保険　保険関係成立届」の控え、「賃金台帳」「出勤簿またはタイムカード」「労働者名簿」「賃貸借契約書の写し」などが必要になります。

雇用保険では、会社の加入手続きのほかに、**社員個人としての加入手続きも必要**なので、「雇用保険被保険者資格取得届」も併せて提出します。

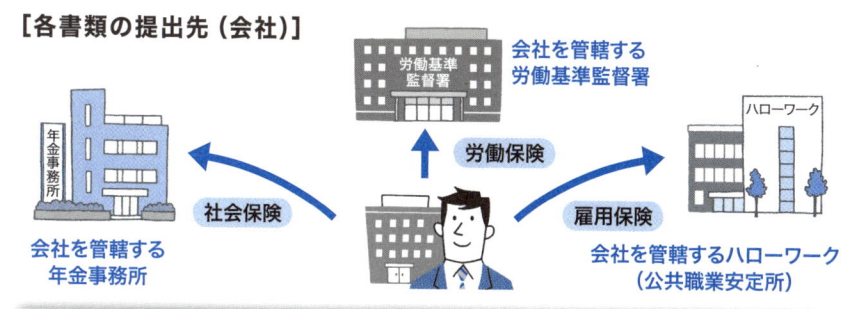

[各書類の提出先（会社）]

- 社会保険 → 会社を管轄する年金事務所
- 労働保険 → 会社を管轄する労働基準監督署
- 雇用保険 → 会社を管轄するハローワーク（公共職業安定所）

先生の大事なアドバイス

☑ 労働保険に加入するときは、加入手続きと同時に労働保険の概算保険料を納めなければなりません。「労働保険概算保険料申告書」を作成し、労働保険加入日の翌日から50日以内に労働保険料の申告・納付を行いましょう。

☑ 会社として雇用保険の加入手続きを行う際は、すでに労働基準監督署に提出した「労働保険 保険関係成立届」の控えを添付する必要があります。

書式 健康保険・厚生年金保険新規適用届（表）

加入年月日や社会保険の記号、番号は年金事務所で決定されるので空欄にしておく。

（フォームの書き込み内容）

- 届書コード：101
- 事業所の種類：婦人服販売業
- 郵便番号：150-××××
- 事業所所在地：渋谷区〇〇町15-3（フリガナ：シブヤク〇〇チョウ）
- 事業所名称：株式会社 エミリオ販売（フリガナ：カ エミリオハンバイ）
- 事業主氏名：田中 広一（フリガナ：タナカ コウイチ）
- 事業主の住所：東京都品川区〇〇 3-1-1
- 事業所の電話番号：03-5458-0000
- 事務担当者名：山田 一郎
- 代表印
- 昇給月：04月
- 賞与支払予定月：07、12
- 事業主代理人：有〇

賞与支払い予定月を記入する。

昇給予定月を記入する。

総務部長などを代理人に選定する場合は「有」に〇をつける。

書式　健康保険・厚生年金保険新規適用届（裏）

自社の給与形態を記入する。

自社で支払っている手当に○をつける。

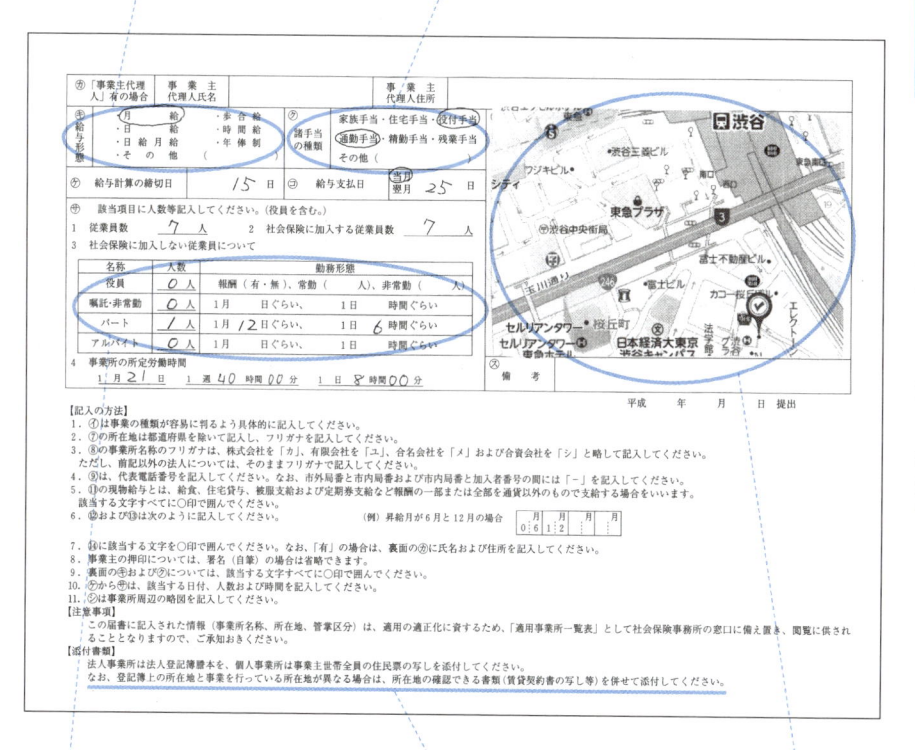

社会保険に加入しない従業員の実態を記入する。

登記簿上の所在地と事業を行っている所在地が異なる場合は、賃貸契約書のコピーを添付する必要がある旨の注意事項。

会社周辺の略図を記入する。WEB地図をプリントアウトしてのりで貼っても可。

書式 労働保険 保険関係成立届

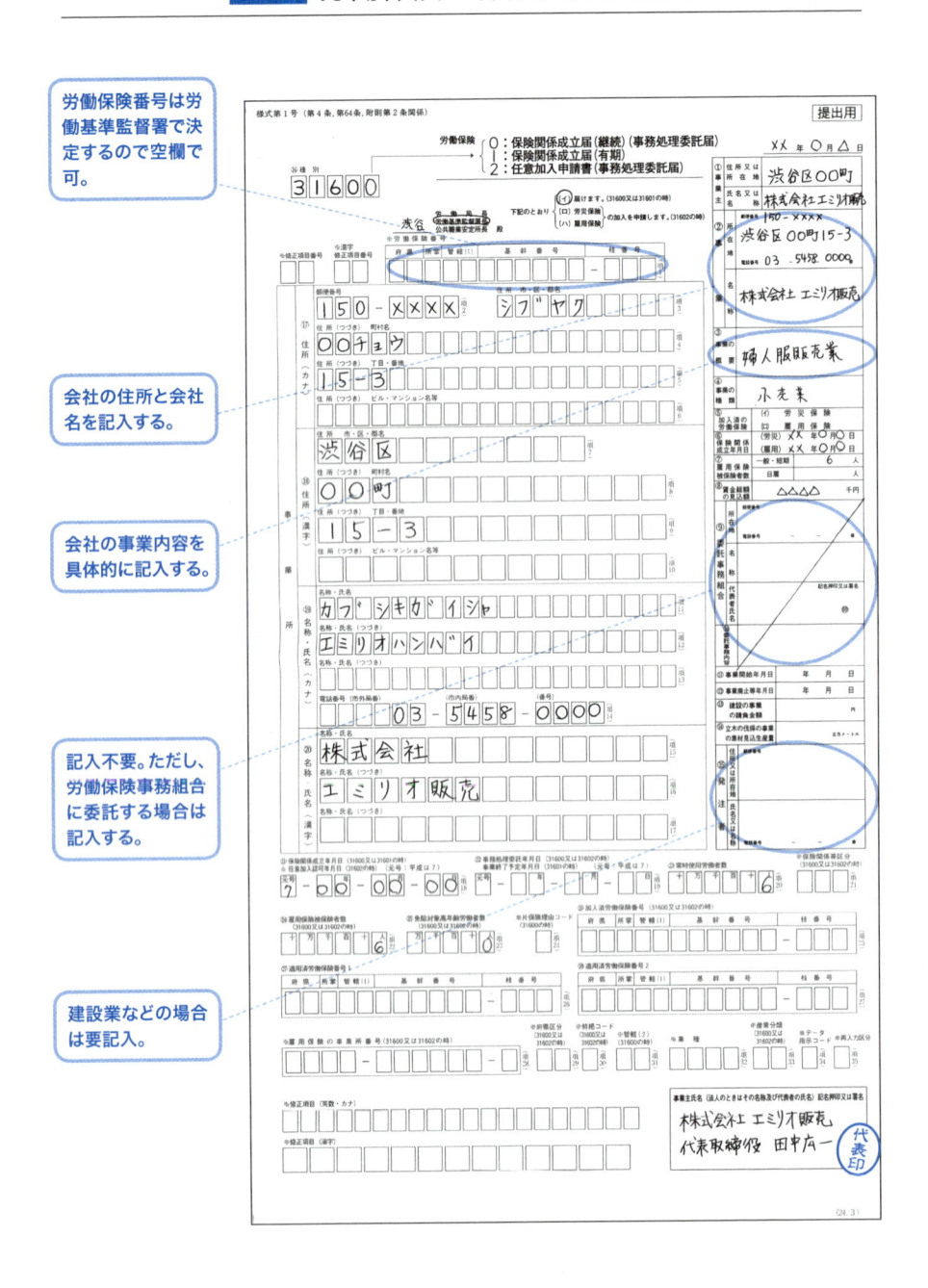

労働保険番号は労働基準監督署で決定するので空欄で可。

会社の住所と会社名を記入する。

会社の事業内容を具体的に記入する。

記入不要。ただし、労働保険事務組合に委託する場合は記入する。

建設業などの場合は要入記。

様式第1号（第4条、第64条、附則第2条関係）

労働保険 0：保険関係成立届(継続)(事務処理委託届)
1：保険関係成立届(有期)
2：任意加入申請書(事務処理委託届)

提出用

XX年〇月△日

種別 31600

住所：渋谷区〇〇町15-3
電話：03-5458-0000
氏名：株式会社エミリオ販売

〒150-XXXX シブヤク
〇〇チョウ
15-3
渋谷区
〇〇町
15-3
カブシキガイシャ
エミリオハンバイ
03-5458-0000
株式会社
エミリオ販売

事業の概要：婦人服販売業
事業の種類：小売業

労災保険 加入済
雇用保険 加入済
保険関係成立年月日：XX年〇月〇日
雇用：XX年〇月〇日
一般・短期：6人
日雇：

賃金総額の見込額：△△△△千円

事業主氏名（法人のときはその名称及び代表者の氏名）記名押印又は署名
株式会社 エミリオ販売
代表取締役 田中広一 代表印

書式 雇用保険適用事業所設置届

CHAPTER 6 社会保険・労働保険の手続きと書式例

※裏面も記入、捺印箇所あり。

雇用保険適用事業所設置届

- 会社が雇用保険に加入する日を記入する。
- 「労働保険保険関係成立届」から労働保険番号を転記する。
- 会社が加入する保険に○をつける。
- 会社の事業内容を具体的に記入する。

帳票種別: 11001

1. 事業所の名称（カタカナ）: カブシキカイシャ エミリオハンバイ
2. 事業所の名称（漢字）: 株式会社 エミリオ販売
3. 郵便番号: 150-XXXX
4. 事業所の所在地（漢字）※市・区・郡及び町村名: 渋谷区○○町15-3
5. 事業所の電話番号: 03-5458-0000
6. 設置年月日: 7-XX0000（平成）
7. 労働保険番号: 13107 8 321020 00

12. 住所: トウキョウト シブヤク 東京都渋谷区○○町15-3
    名称: カブシキガイシャ エミリオハンバイ 株式会社 エミリオ販売
    氏名: タナカ コウイチ 代表取締役 田中広一（代表印）

13. 事業の概要: 婦人服販売業

16. 常時使用労働者数: 6人
17. 雇用保険被保険者数: 一般 6人 / 日雇 0人
18. 賃金支払関係: 賃金締切日 20日 / 賃金支払日 （当）翌月25日
19. 雇用保険担当課名: 課 係

20. 社会保険加入状況: 健康保険／厚生年金保険／労災保険

2011.1

CHAPTER 6　SECTION | 2　社員入社時の手続きについて

社員が入社したときの手続き

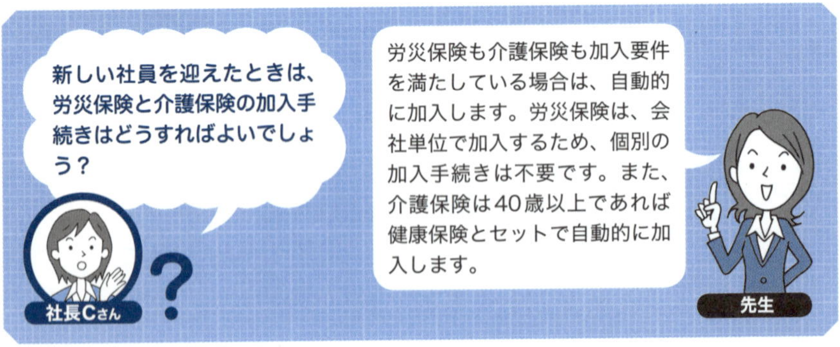

社長Cさん: 新しい社員を迎えたときは、労災保険と介護保険の加入手続きはどうすればよいでしょう？

先生: 労災保険も介護保険も加入要件を満たしている場合は、自動的に加入します。労災保険は、会社単位で加入するため、個別の加入手続きは不要です。また、介護保険は40歳以上であれば健康保険とセットで自動的に加入します。

≫ 社員が社会保険に加入する手続き

<u>社員が社会保険に加入</u>するためには**「健康保険・厚生年金保険被保険者資格取得届」**（書式例202ページ）を管轄の年金事務所または健康保険組合へ提出します。なお、年金手帳を紛失している場合は「年金手帳再交付申請書」を添付しなければなりません。

また、社員に配偶者や子どもがいる場合、その家族も健康保険に加入させる手続きを同時に行います（詳細は204ページ）。20歳以上60歳未満の配偶者が健康保険の被扶養者になる場合は、併せて国民年金への加入手続きも行ってください。

注意　社員の社会保険加入
社会保険に加入する手続きの際は、社員の年金手帳が必要となります。事前（入社時）に提出するよう社員に伝えておきましょう。

≫ 社員が雇用保険に加入する手続き

社員が雇用保険に加入するためには、**「雇用保険被保険者資格取得届」**（書式例203ページ）を管轄のハローワークへ提出します。なお、転職者でいままでに雇用保険に加入した

雇用保険加入経験者

これから　雇用保険被保険者番号　○○△□　← 同じ番号で管理 →　これまで　雇用保険被保険者番号　○○△□

ことがある社員の場合は、前職で加入していた「雇用保険被保険者証」にて雇用保険被保険者番号を確認のうえ、記入してください。こうすることで、雇用保険を同じ番号で管理することが可能です。

また、結婚前に雇用保険に加入をしていて結婚後に再就職をした人は旧姓の「雇用保険被保険者証」を持っている場合があります。この場合は「雇用保険被保険者資格取得届」にある「変更後の氏名」欄に現在の氏名を記入することで、資格取得と氏名変更の手続きを同時に行うことが可能です。

旧姓の被保険者証の人

旧姓 山田麻実

結婚！

吉永麻実

結婚、養子縁組などで氏名が変わった人が入社した場合でも、資格取得・氏名変更が1枚の用紙で同時にできる。

≫ 介護保険と労災保険の加入について

個別の手続きは不要ですが、新たに入社する社員が加入要件を満たしている場合は「労災保険」と「介護保険」にも自動的に加入することになります。

[個人の手続きが不要な保険]

労災保険	会社単位で加入する保険のため、個別の手続きは不要。
介護保険	社員が40歳になった時点で加入する保険。入社時に40歳以上であれば自動的に加入する。個別の手続きは不要だが、別途「介護保険料」を毎月の給料より徴収する必要がある。

> **先生の大事なアドバイス**
>
> ☑ 平成24年10月1日から、基礎年金番号の記載のない「健康保険・厚生年金保険被保険者資格取得届」は受け付けられなくなりました。このため基礎年金番号がわからない場合は、会社で本人確認を行ったうえで「年金手帳再交付申請書」を添付しなければ、健康保険証を発行してもらえません。本人確認については確認書類の提出までは求められていませんが、運転免許証、住民基本台帳カード（写真つき）、旅券（パスポート）、在留カードなどで事前に会社側がチェックをしておく必要があります。

書式 健康保険・厚生年金保険被保険者資格取得届

- 事業所整理番号と事業所番号を記入する。
- 社員の年金手帳から基礎年金番号を転記する。不明の場合は空欄で可（ただし、「年金手帳再交付申請書」の添付が必要）。
- 資格取得日は原則「入社した日」を記入する。
- 年金事務所で附番するため、空欄でも可。
- 「基本給」「家族手当」「住宅手当」「通勤手当」「残業代（見込額）」も含めて、社員に支給する給料の総支給合計額を記入する。
- 年金事務所で算出するため、空欄で可。

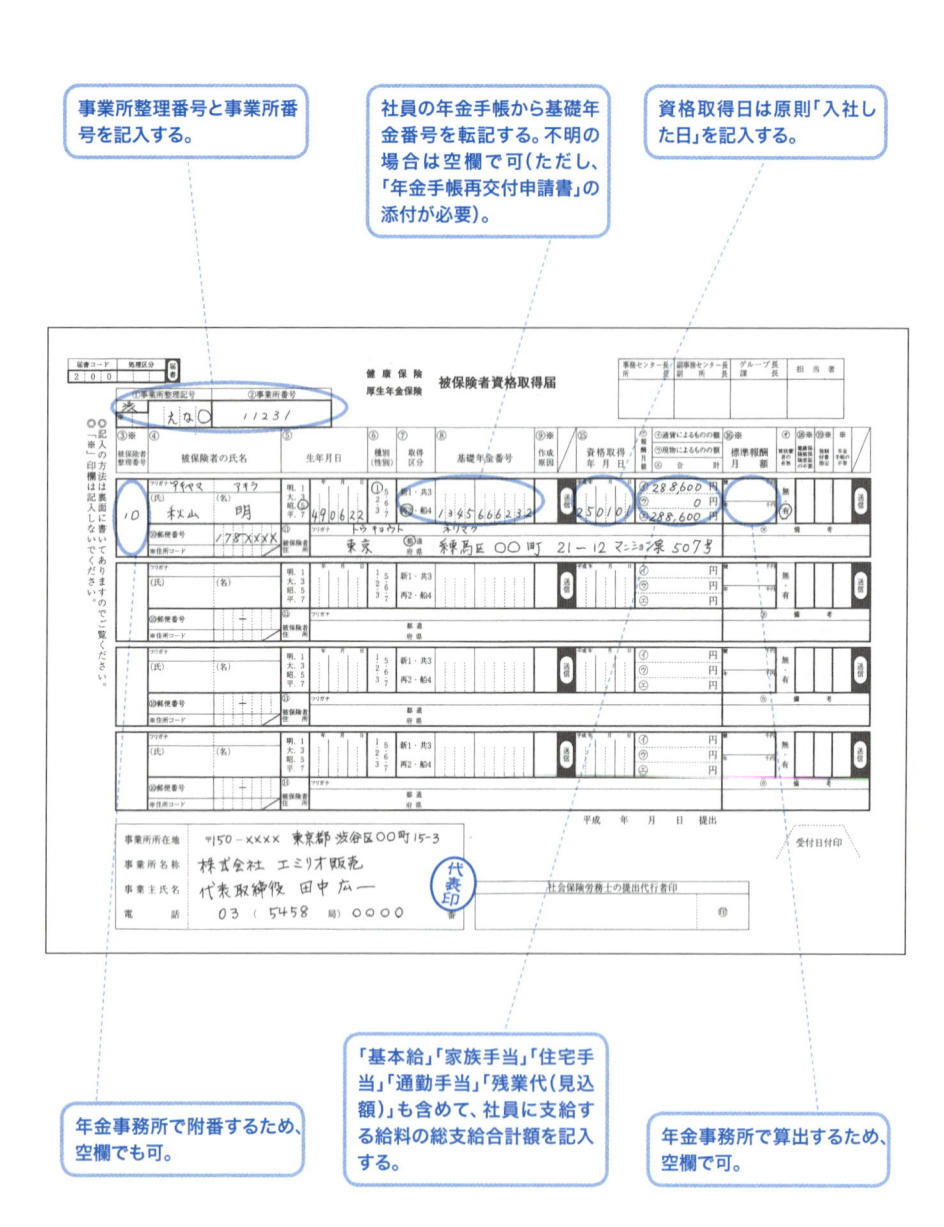

書式 雇用保険被保険者資格取得届

様式第2号　雇用保険被保険者資格取得届

標準字体 `0123456789`
（必ず第2面の注意事項を読んでから記載してください。）

帳票種別 `13101`
【提出期限】雇い入れた日の翌月10日まで
※この用紙はコピー不可です

1. 被保険者番号 `1683-543261-7`
2. 取得区分 `2`（1 新規／2 再取得）
   被保険者番号が不明な場合、履歴書等提示

> 社員の雇用保険被保険者証から被保険者番号を転記する。不明の場合は空欄でもよいが、その場合は履歴書など前職を確認できる書類を添付することでハローワークで雇用保険の加入履歴を確認してもらえる。

> 新卒など、雇用保険に初めて加入する社員は「1」を、雇用保険に加入したことがある社員は「2」を記入する。

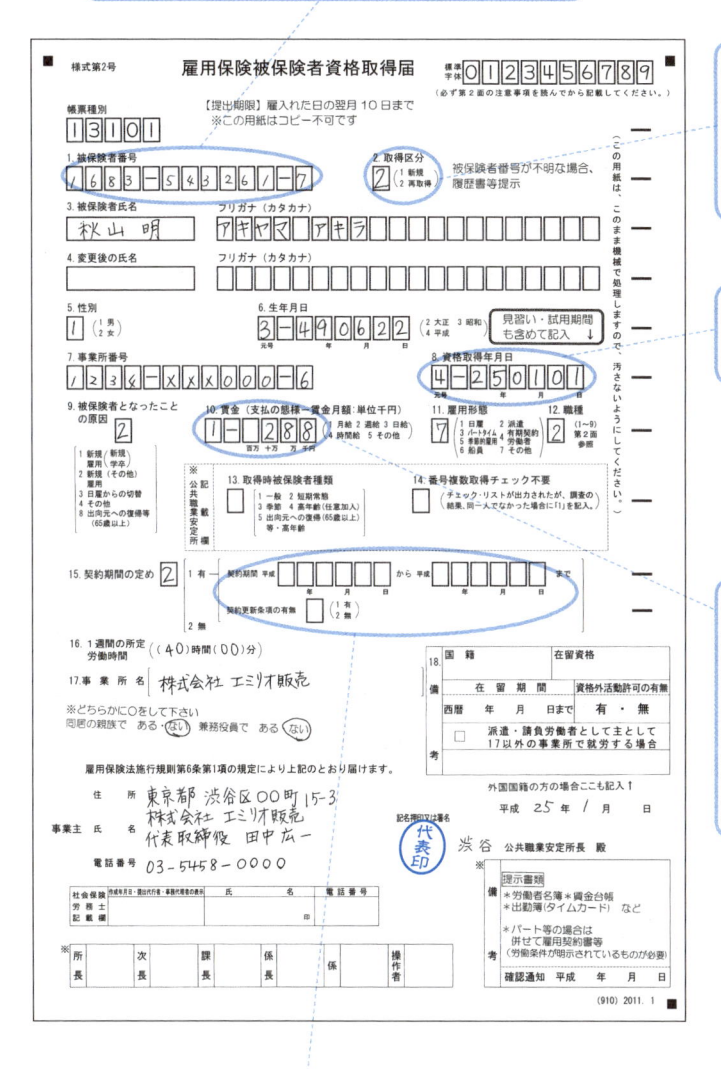

3. 被保険者氏名 `秋山 明`　フリガナ（カタカナ）`アキヤマ アキラ`
4. 変更後の氏名　フリガナ（カタカナ）
5. 性別 `1`（1 男／2 女）
6. 生年月日 `3-490622`（2 大正／3 昭和／4 平成）
   見習い・試用期間も含めて記入 ↓
7. 事業所番号 `1234-XXX000-6`
8. 資格取得年月日 `4-250101`（元号・年・月・日）

> 資格取得日は原則「入社した日」を記入する。

9. 被保険者となったことの原因 `2`
   1 新規雇用（学卒）／2 新規雇用（その他）／3 日雇からの切替／4 その他／5 出向元への復帰等（65歳以上）

10. 賃金（支払の態様・賃金月額：単位千円）`1-288`（百万＋万　千／月給 1　週給 3　日給 5　時間給　その他）
11. 雇用形態 `7`（1 日雇／2 派遣／3 パートタイム／4 有期契約労働者／5 季節労働者／6 船員／7 その他）
12. 職種

> 「基本給」「家族手当」「住宅手当」「通勤手当」「残業代（見込額）」も含めて、社員に支給する給料の総支給合計額を1000円未満の端数を切り捨てて記入する。

13. 取得時被保険者種類
    1 一般　2 短期雇用
    3 季節　4 高年齢（任意加入）
    5 出向元への復帰（65歳以上）
    等・高年齢

14. 番号複数取得チェック不要
    チェック・リストが出力されたが、調査の結果、同一人でなかった場合に「1」を記入。

15. 契約期間の定め `2`
    1 有 — 契約期間　　年　月　日　から　平成　　年　月　日
    契約更新条項の有無（1 有／2 無）
    2 無

> 契約期間の定めの有無を記入する。

16. 1週間の所定労働時間 `(40)時間 (00)分`
17. 事業所名 `株式会社 エミリオ販売`
    ※どちらかに○を下さい
    同居の親族で　ある・（ない）　　兼務役員で　ある・（ない）

18. 国籍　在留資格
    在留期間　資格外活動許可の有無
    西暦　年　月　日まで　有・無
    □ 派遣・請負労働者として主として17以外の事業所で就労する場合
    外国国籍の方の場合ここも記入 ↑
    平成 `25` 年 `1` 月　日

雇用保険法施行規則第6条第1項の規定により上記のとおり届けます。

事業主　住所 `東京都渋谷区○○町15-3`
　　　　氏名 `株式会社 エミリオ販売 代表取締役 田中広一`　【代表印】
　　　　電話番号 `03-5458-0000`

記名押印又は署名

`渋谷` 公共職業安定所長 殿

備考
* 労働者名簿 * 賃金台帳
* 出勤簿（タイムカード）など
* パート等の場合は併せて雇用契約書等（労働条件が明示されているものが必要）

確認通知　平成　年　月　日

社会保険労務士記載欄
所長／次長／課長／係長／操作者

(910) 2011.1

CHAPTER 6　SECTION | 2　社員入社時の手続きについて

社員の家族も保険に加入させる手続き

社長Aさん： 新しく雇用する社員には妻子がいます。被扶養者がいる場合は、通常と手続きの仕方が違いますか？

先生： 社員が配偶者や子どもなどの家族を扶養している場合は、「健康保険被扶養者異動届」を提出します。これにより、家族も必要な健康保険の給付を受けることが可能です。社員の「資格取得届」と併せて届け出てください。

≫社員に被扶養者がいる場合の手続きとは

社員が配偶者や子どもなど家族を扶養している場合は、**社員の健康保険被扶養者となることで、家族も必要な健康保険の給付を受けられます。**

家族が健康保険に加入するためには、「**健康保険被扶養者（異動）届**」（書式例206ページ）を提出します。添付書類として、「非課税証明書」や「年金支給通知書」など**家族の収入を確認する書類**、「住民票」などの同居を確認する書類が必要になります（ただし、同居を要件としていない家族の場合は同居を確認する書類は不要です）。

注意　添付書類の省略
被扶養者が所得税法上の控除対象配偶者・扶養親族である場合は、その旨、事業主が確認することで収入を確認する書類を省略することができます。

[健康保険の被扶養者になるための要件]

①社員本人の父母、祖父母などの直系尊属と社員本人の配偶者（内縁関係も含む）、子ども、孫、および弟妹で、主にその社員本人の収入によって「生計を維持」している者

②社員本人の兄、姉、叔伯父母、甥、姪などとその配偶者、社員本人の孫と弟妹の配偶者および社員本人の配偶者の父母や連れ子など、上記以外の三親等以内の親族、社員本人と内縁関係にある配偶者の父母および子であって、社員本人と同居し、主に社員本人の収入によって「生計を維持」している者

①同居でも別居でもよい人

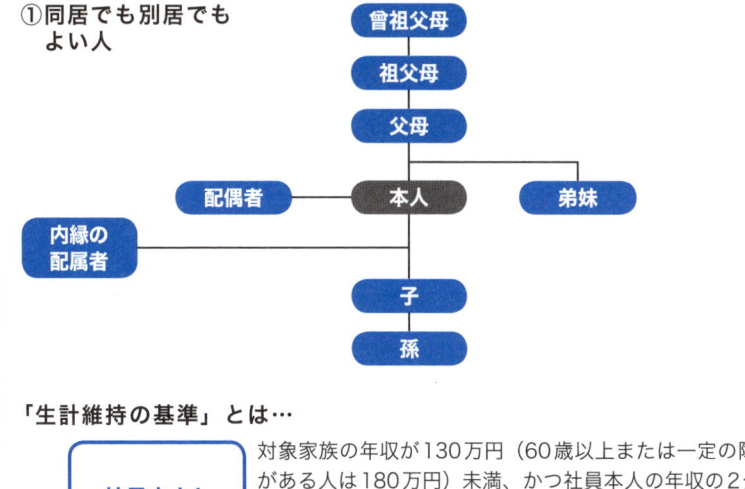

- 曾祖父母
- 祖父母
- 父母
- 配偶者 ― 本人 ― 弟妹
- 内縁の配属者
- 子
- 孫

「生計維持の基準」とは…

→ **社員本人と同一世帯の場合**
対象家族の年収が130万円（60歳以上または一定の障がいがある人は180万円）未満、かつ社員本人の年収の2分の1未満であること。ただし、対象家族の年収が130万円未満だが社員本人の年収の2分の1以上の場合は、社員本人の年収を上回らずに世帯の生活状況を総合的に判断して、社員本人の収入が生計の中心と認められた場合は被扶養者になる。

→ **社員本人と同一世帯にない場合**
対象家族の年収が130万円（60歳以上または一定の障がいがある人は180万円）未満で、かつその額が社員本人からの仕送り額などの支援額よりも少ない場合は被扶養者になる。通常、1か月単位でみて、1年平均でチェックする。

》国民年金第3号被保険者の届出

健康保険の被扶養配偶者で20歳以上60歳未満の人は、**国民年金の第3号被保険者として年金に加入**します。第3号被保険者自身が保険料を支払うことはありませんが、厚生年金保険全体で保険料を負担するため、「**国民年金第3号被保険者届**」（書式例207ページ）に必要事項を記入し、会社を経由して第3号被保険者の届出を行う必要があります。

> **先生の大事なアドバイス**
> ☑ 健康保険の被扶養者になると家族も健康保険の給付が受けられますが、家族分の保険料は別途発生しません。社員分の保険料のみで家族も給付が受けられます。
> ☑ 健康保険組合に加入している場合、国民年金第3号被保険者の届出の際は、健康保険の被扶養配偶者である確認印を捺印してもらうようにしてください。

書式 健康保険被扶養者異動届

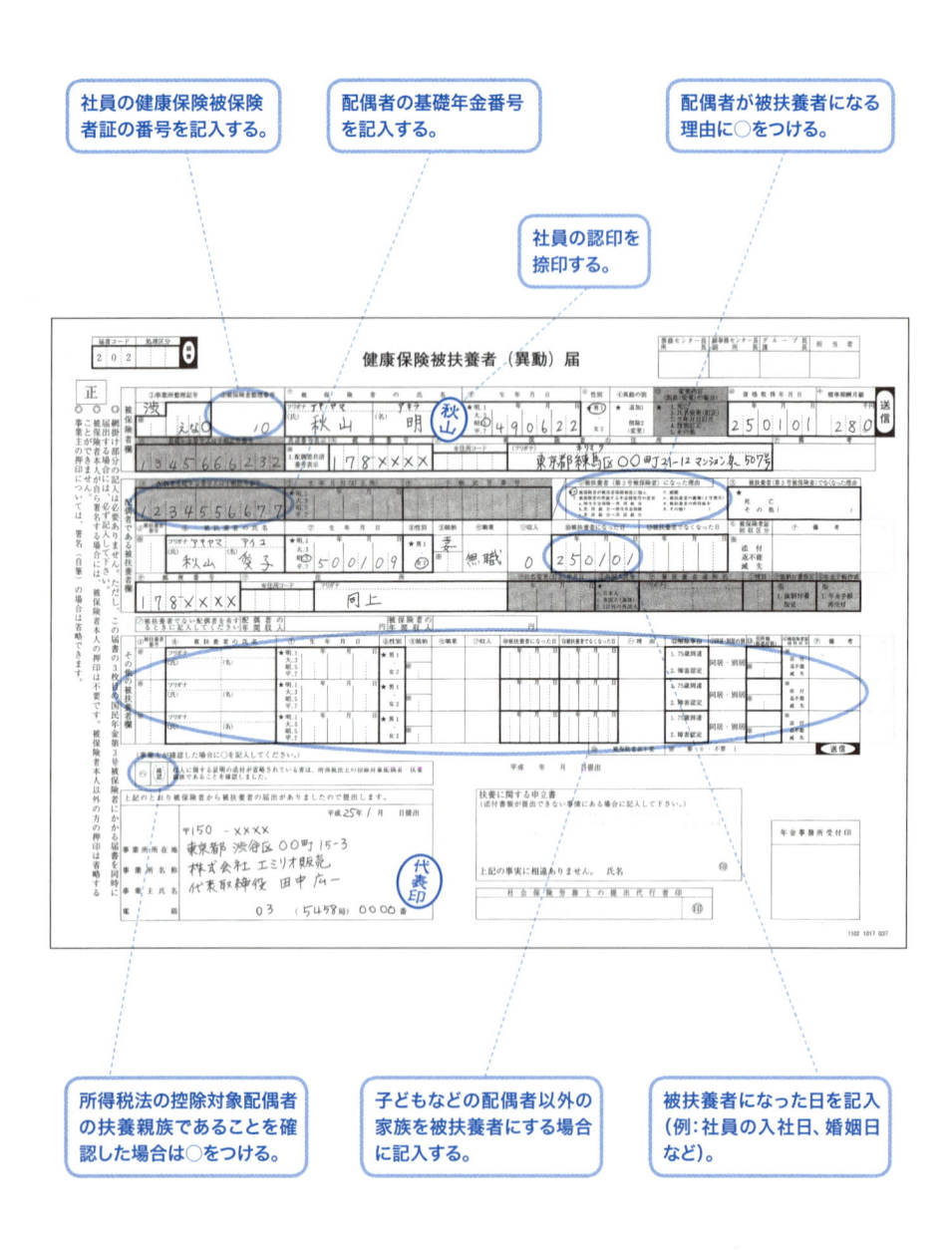

- 社員の健康保険被保険者証の番号を記入する。
- 配偶者の基礎年金番号を記入する。
- 配偶者が被扶養者になる理由に○をつける。
- 社員の認印を捺印する。
- 所得税法の控除対象配偶者の扶養親族であることを確認した場合は○をつける。
- 子どもなどの配偶者以外の家族を被扶養者にする場合に記入する。
- 被扶養者になった日を記入(例：社員の入社日、婚姻日など)。

書式　国民年金第3号被保険者届

> 届け漏れがないよう、健康保険の「被扶養者（異動）届」と一体化された複写の用紙になっており、健康保険の加入手続きと併せて行う。

> 配偶者の氏名を記入する。社員の氏名ではないので注意！

> 配偶者の認印を捺印する。

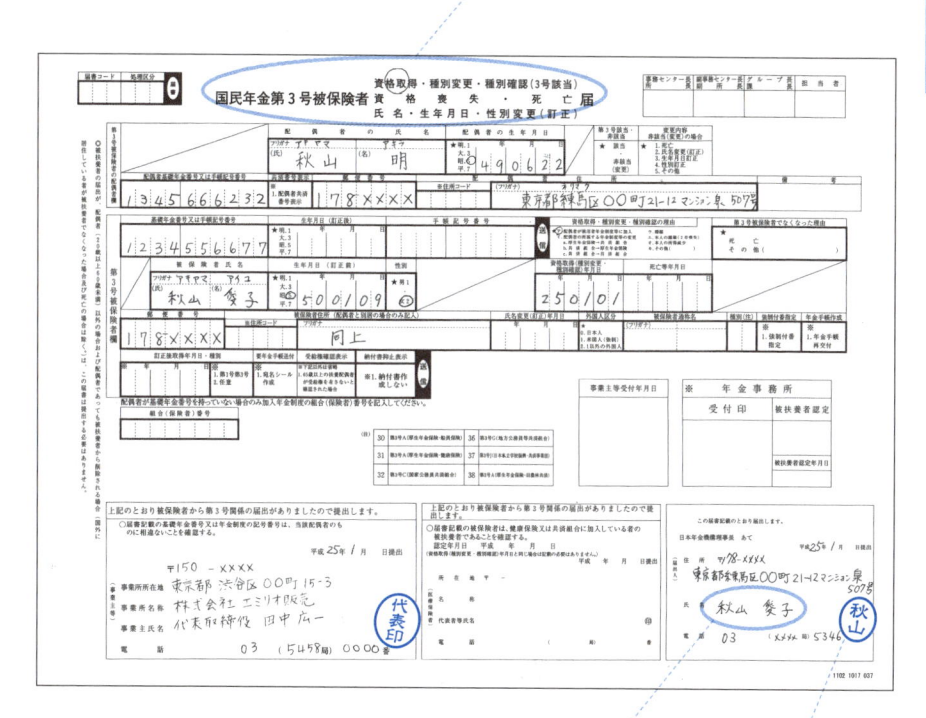

CHAPTER 6　SECTION | 3　定期の手続きについて

会社が定期的に行う手続き　①社会保険

社長Bさん: 社会保険料は、何に基づいて決定するのでしょうか？ 自社は歩合制なので月ごとの給与が違うのですが…。

先生: 社会保険料は、実際の給料額に基づいて保険料を計算するのではなく、給料の額に応じて区分が定められた「標準報酬月額」というものにあてはめて計算します。このため、歩合や残業代などで毎月給料額が変更しても保険料額は基本的に変わりません。

≫ 保険料を決める手続き

　社会保険料は社員の給料に応じて決められていますが、残業の増減などによって額が変わる可能性が高く、そのつど社会保険料の計算を行うのは面倒な部分もあります。この手間を省くために考えられたのが、報酬に応じて区分が定められた**「標準報酬月額」**です。
　健康保険・介護保険・厚生年金保険などの社会保険料は、実際の給料額では

用語　標準報酬月額
ひと言でいうと「社会保険料を計算しやすくした月給リスト」のこと、をいいます。

[標準報酬月額の等級区分]

	標準報酬等級下限	標準報酬等級上限
健康保険	第1等級　58,000円	第47等級　1,210,000円
介護保険	第1等級　58,000円	第47等級　1,210,000円
厚生年金保険	第1等級　98,000円	第30等級　620,000円

なく、この標準報酬月額にあてはめて算出します。なお、この標準報酬月額の区分は年に1回必ず見直しを行います（**「定時決定」**）。定時決定を行う際には「**健康保険 厚生年金保険 被保険者報酬月額算定基礎届**」（書式例210ページ）を毎年7月1日から7月10日までに提出します。

> **補足　定時決定**
> 対象：7月1日現在にその会社に在籍する社会保険に加入している社員（被保険者）全員。
> 内容：その年の4月、5月、6月に受けた報酬の平均に基づき9月1日からの標準報酬月額を決定。

≫社員の給料に変更があったときの手続き

1年のうちに、昇給や給料体系の変更など支給される給料に大幅な変更があり、現在の標準報酬月額とギャップが開いたとき、一定の要件を満たした場合は、年に1回の算定基礎届の提出を待たずに、標準報酬月額の見直しを行う必要があります。この見直しのことを「**随時改定**」といいます。

随時改定を行う際は、「**健康保険 厚生年金保険 被保険者報酬月額変更届**」（書式例211ページ）を提出します。なお、給料の変更額が大きい場合は「賃金台帳」「出勤簿」の添付を求められることがあります。

≫賞与を支払ったときの手続きとは

賞与を支払った場合は、支払日から5日以内に「**健康保険・厚生年金保険被保険者賞与支払届**」（書式例213ページ）と「**健康保険・厚生年金保険被保険者賞与支払届総括表**」（書式例212ページ）を提出します。なお、諸事情により賞与を支払わなかった場合は「健康保険・厚生年金保険被保険者賞与支払届総括表」に「0円」と記載したうえで提出してください。

> **先生の大事なアドバイス**
> ☑ 昇給や給料体系が変更したすべてのケースが「随時改定」の対象となるわけではありません。随時改定の対象となるのは、「固定的賃金の変更や時給制から月給制など給料体系の変更」があり、「変更があった月から連続した3か月間とも支払基礎日数が17日以上あり標準報酬月額と比べて2等級以上の差が生じたとき（例外として標準報酬月額の上限、下限に該当している場合は1等級の差でも随時改定を行う場合）」に限られます。

CHAPTER 6　社会保険・労働保険の手続きと書式例

書式 健康保険・厚生年金保険被保険者報酬月額算定基礎届

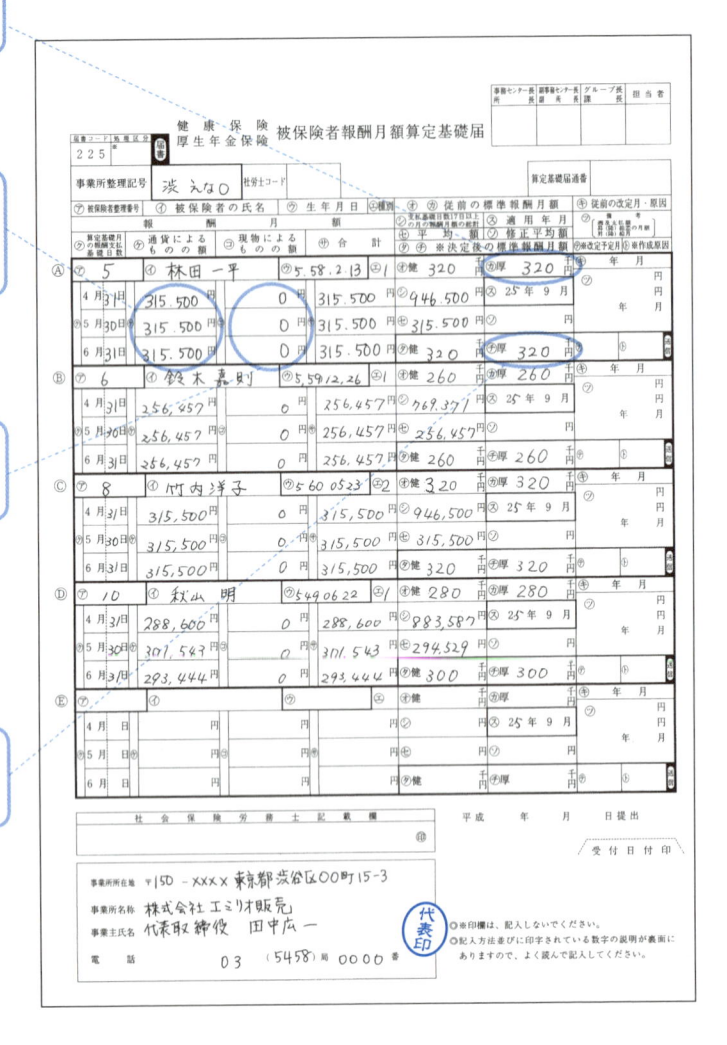

- 現在の標準報酬月額を記入する。
- 各月に支給された給料の総支給額（報酬に相当するもの）を記入する。
- 食事や住宅などの現物支給があれば記入する。
- 年金事務所で算出するので空欄でも可。

項目	被保険者整理番号	被保険者の氏名	生年月日	種別	従前の標準報酬月額	従前改定月	昇給・降給	遡及支払額
	基礎日数	通貨による ものの額	現物による ものの額	合計	平均額	修正平均額	決定後の標準報酬月額	備考

Ⓐ	5	林田一平	5.58.2.13	1	健 320	厚 320 千円	25年9月	
	4月 31日	315,500円	0円	315,500円	946,500円	315,500円	健 320 厚 320 千円	
	5月 30日	315,500	0	315,500				
	6月 31日	315,500	0	315,500				
Ⓑ	6	鈴木嘉則	5.59.12.26	1	健 260	厚 260	25年9月	
	4月 31日	256,457	0	256,457	769,371	256,457	健 260 厚 260	
	5月 30日	256,457	0	256,457				
	6月 31日	256,457	0	256,457				
Ⓒ	8	竹内洋子	5.60.05.23	2	健 320	厚 320	25年9月	
	4月 31日	315,500	0	315,500	946,500	315,500	健 320 厚 320	
	5月 30日	315,500	0	315,500				
	6月 31日	315,500	0	315,500				
Ⓓ	10	秋山明	5.49.06.22	1	健 280	厚 280	25年9月	
	4月 31日	288,600	0	288,600	883,587		健 300 厚 300	
	5月 30日	301,543	0	301,543	294,529			
	6月 31日	293,444	0	293,444				
Ⓔ					健	厚	25年9月	
	4月 日	円	円	円	円	円	健 厚	
	5月 日	円	円	円				
	6月 日	円	円	円				

平成　年　月　日提出

事業所所在地　〒150-××××　東京都渋谷区○○町15-3
事業所名称　株式会社エミリオ販売
事業主氏名　代表取締役　田中広一
電話　03（5458）0000

代表印

※印欄は、記入しないでください。
※記入方法表および印字されている数字の説明が裏面にありますので、よく読んで記入してください。

210

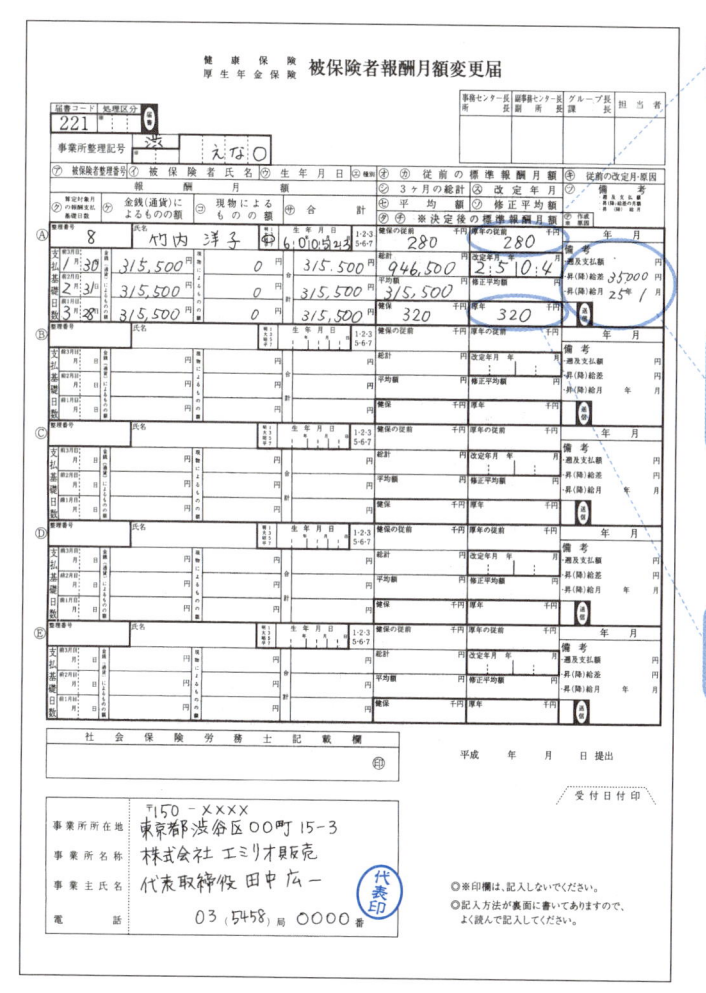

書式 **健康保険・厚生年金保険被保険者報酬月額変更届**

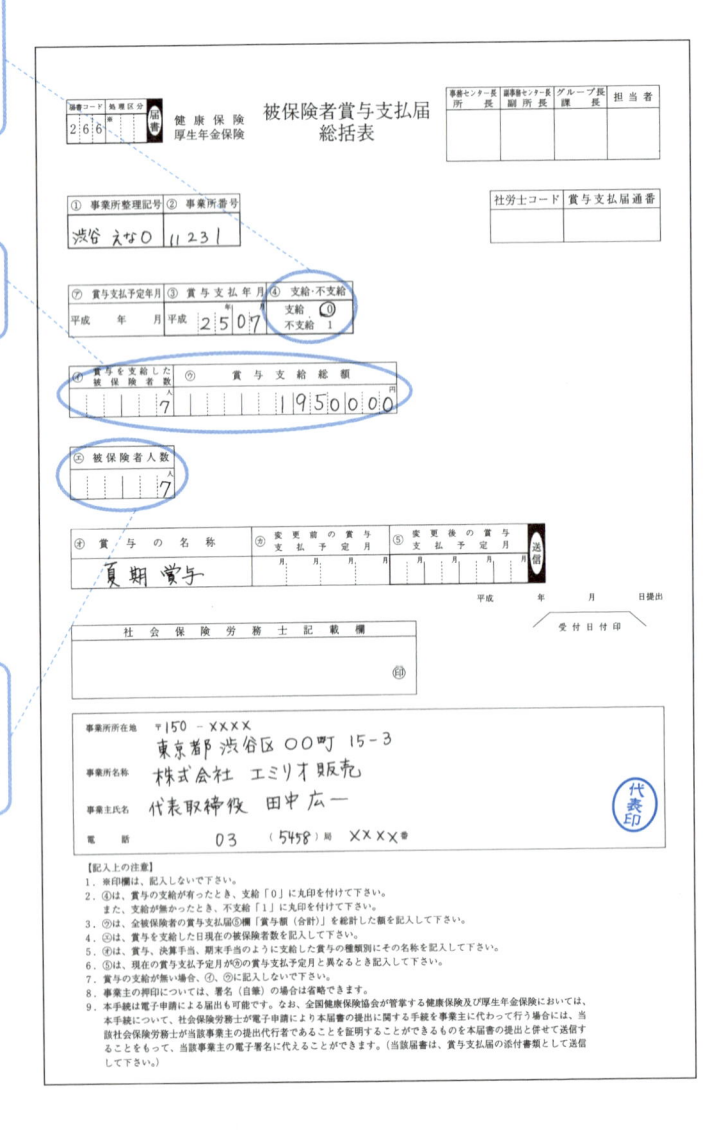

書式 健康保険・厚生年金保険被保険者賞与支払届総括表

賞与支払い予定月に諸事情により賞与の支給がなかった場合は「不支給」に○をして届け出る。

支給した賞与の総額と総人数を記入する。

賞与を支給していない人も含めた社会保険に加入している社員数を記入する。

書式 健康保険・厚生年金保険被保険者賞与支払届

欄外の賞与支払日と同日の場合は記入不要。

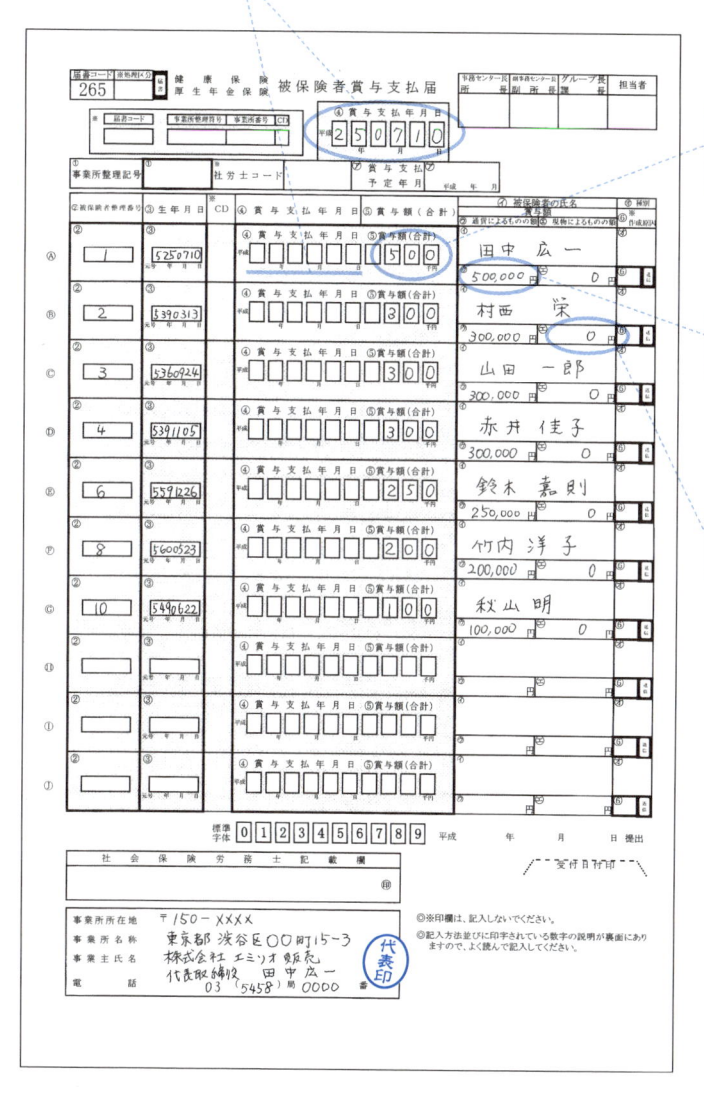

1000円未満を切り捨てた金額を記入する。

支給した賞与の総支給額を記入する。

現物で支給した場合に記入する。

CHAPTER 6 社会保険・労働保険の手続きと書式例

CHAPTER 6　SECTION | 3　定期の手続きについて

会社が定期的に行う手続き　②労働保険

社長Cさん: 労働保険料の申告と納付のポイントはどんなところですか？

先生: 労働保険料は、見込額を先払いしておき、後で正確な金額と比較して過不足を精算する先払い方式です。この作業を「労働保険の年度更新手続き」といい、毎年6月1日から7月10日までに保険料の申告・納付を行う必要があります。

労働保険料申告のしくみとは

　労働保険（労災保険・雇用保険）の保険料を国に申告納付する作業を**「労働保険の年度更新」手続き**といい、**毎年6月1日～7月10日までに行います**。労働保険の保険料は、毎年4月1日から翌年3月31日まで（「保険年度」）の1年間を単位として計算を行い、保険年度の当初に今年度に見込まれるおおよその保険料を仮払いし（**概算保険料**）、その後その年度が終わったところで実際の保険料（**確定保険料**）との差額を精算する、といった方法で行います。

> **補足　年度更新事務の3つの手続き**
> ①前年度の労働保険料を精算する『確定保険料の申告・納付』
> ②今年度の労働保険料を計算する『概算保険料の申告・納付』
> ③石綿（アスベスト）健康被害救済にかかる『一般拠出金の申告・納付』

[労働保険料を申告納付する手続き]

① 書類作成：都道府県労働局より毎年5月末に送付される「**労働保険・概算確定保険料申告書**」（書式例216ページ）を作成する。

② 提出：管轄の労働基準監督署、都道府県労働局、最寄りの銀行または郵便局へ届け出る（建設業などの2元適用事業を除き、労災保険料と雇用保険料を1枚の申告書で同時に申告納付することが可能）。

≫ 時間外労働・休日労働に関する協定届

社員に時間外労働や休日労働を行わせている会社は、「**時間外労働・休日労働に関する協定届**（36協定届：36協定については91ページ参照）」（書式例217ページ）を届け出る必要があります。**労働協約**である場合を除いて、36協定届は有効期間の定めが必要です。有効期間の長さについては特に明記はありませんが、労働基準監督署の窓口では有効期間は最長1年間とすることが望ましいとされているため、実務的には1年以内の有効期間を設けて締結することとなります。全国各地に支店がある会社は支店ごとに36協定届を作成し、労働基準監督署へ提出します。

> **補足　時間外労働・休日労働に関する協定届の提出先**
> 会社の所在地を管轄する労働基準監督署に提出します。

> **用語　労働協約とは？**
> 労働協約とは、労働組合と会社が団体交渉によって決めた労働条件やそのほかの事項を書面にし、両者が署名または記名押印したもののことです。

[協定届に関する注意点]

① 時間外労働がまったくない会社というのはまずない。実際にはすべての事業所でこの締結と届出が必要だと考えよう。

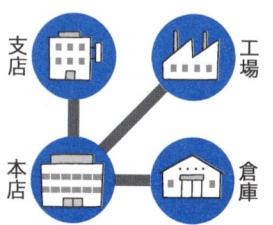

② 各支店、本店＆工場など、場所ごとに届け出る。

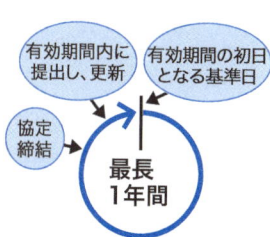

③ 有効期間が切れる前に協定を締結後、遅滞なく提出する。

先生の大事なアドバイス

☑ 36協定届は、会社の所在地を管轄する労働基準監督署長への届出日以降に初めて有効となるため、有効期限が切れる前に忘れずに更新手続きを行うようにしましょう。

☑ 労働保険の概算保険料が40万円（労災保険のみ加入の場合は20万円）以上の場合か、労働保険の事務処理を代行する労働保険事務組合に事務委託をしている場合は、保険料を3回に分けて納付することができます（延納）。ただし、確定保険料は延納の対象にはなりません。

書式 労働保険 概算・確定保険料申告書

- 「労働保険保険関係成立届」より労働保険番号を転記する。年度更新時に都道府県労働局から送付される書類の場合は印字済み。
- 前年度の賃金総額をもとに算出する。
- 今年度につき社員の増減など大きな変動がない場合は、前年度の賃金総額をもとに算出する。
- 納付済みの概算保険料を記入。年度更新時に都道府県労働局から送付される書類の場合は印字済み。
- 3期に分割納入する場合は、端数の保険料を第1期に納付する。

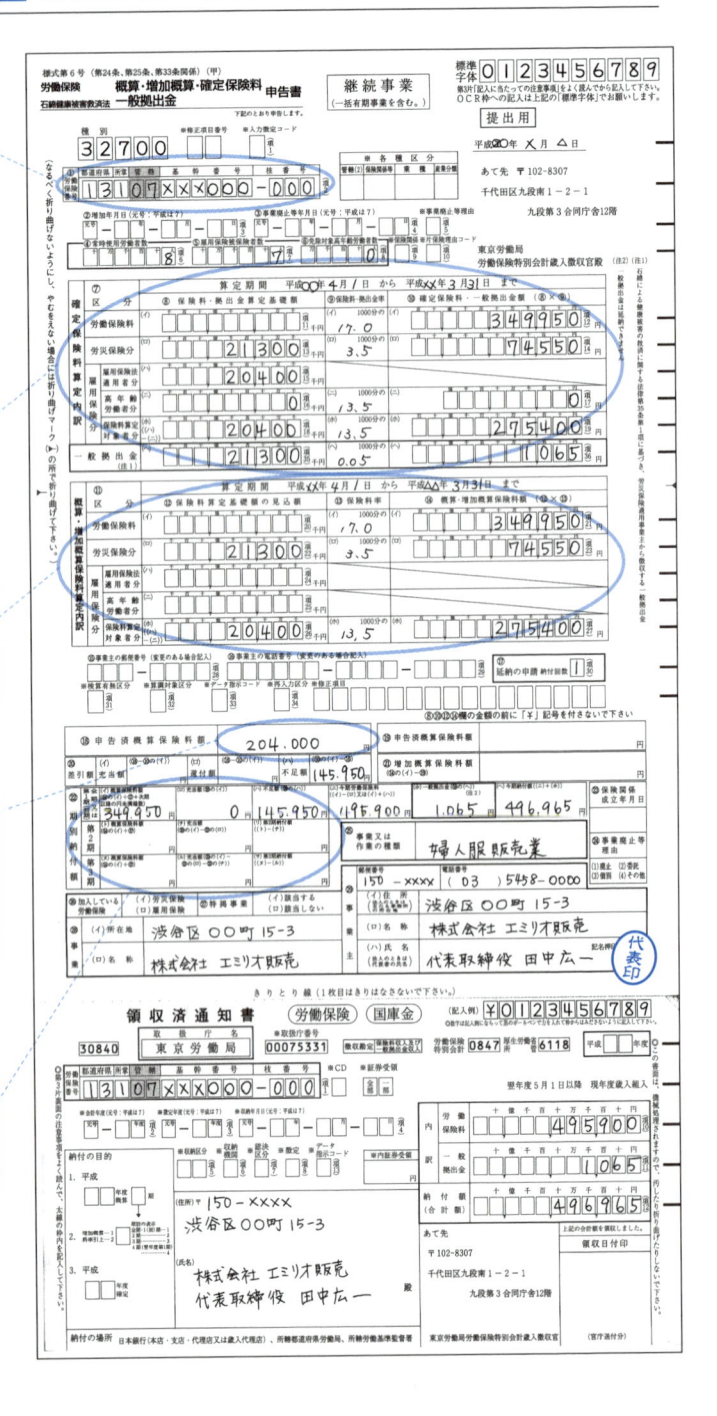

書式 時間外労働・休日労働に関する協定届

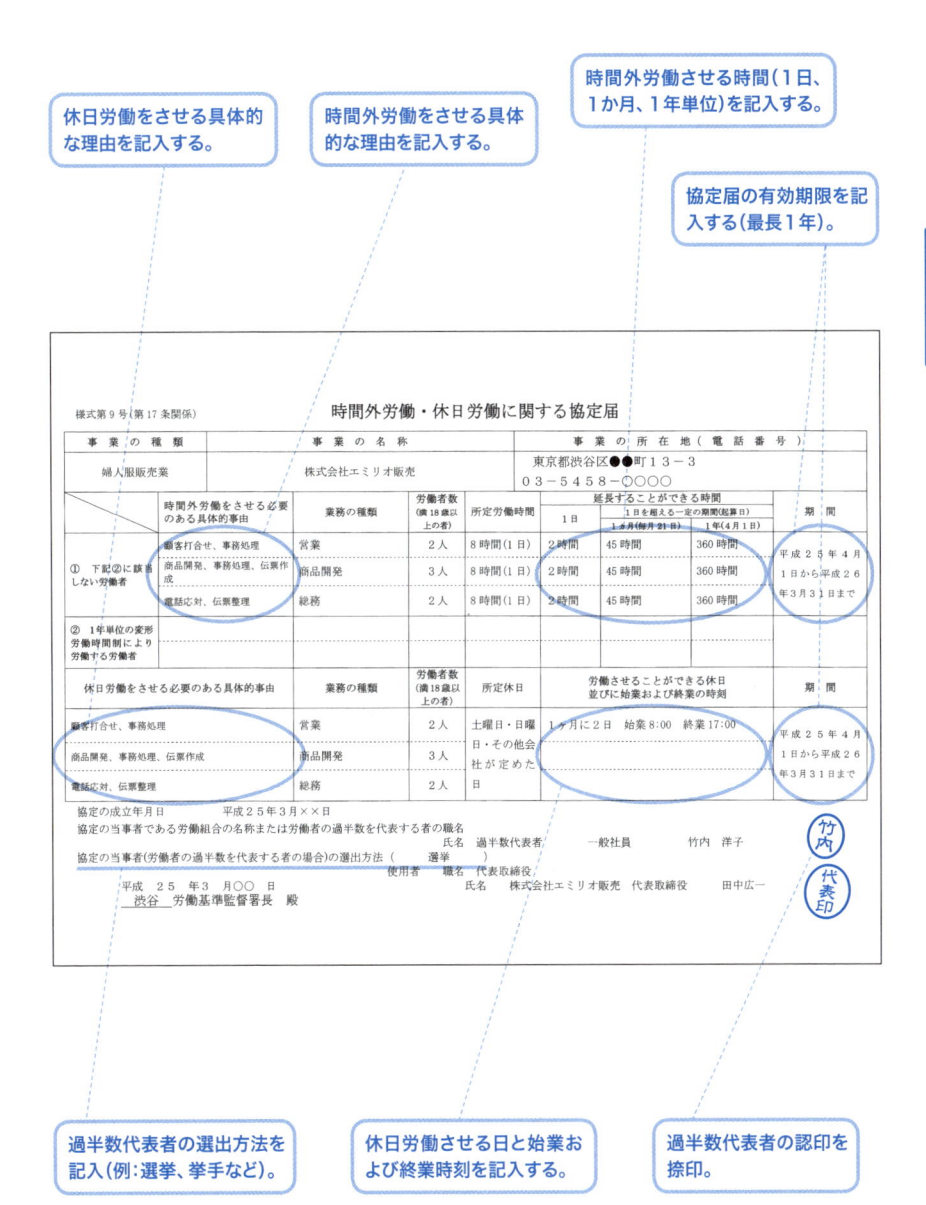

- 休日労働をさせる具体的な理由を記入する。
- 時間外労働をさせる具体的な理由を記入する。
- 時間外労働させる時間(1日、1か月、1年単位)を記入する。
- 協定届の有効期限を記入する(最長1年)。

様式第9号(第17条関係)

時間外労働・休日労働に関する協定届

事業の種類	事業の名称	事業の所在地(電話番号)
婦人服販売業	株式会社エミリオ販売	東京都渋谷区●●町13-3　03-5458-○○○○

	時間外労働をさせる必要のある具体的事由	業務の種類	労働者数(満18歳以上の者)	所定労働時間	延長することができる時間			期間
					1日	1日を超える一定の期間(起算日)		
						1ヶ月(毎月21日)	1年(4月1日)	
① 下記②に該当しない労働者	顧客打合せ、事務処理	営業	2人	8時間(1日)	2時間	45時間	360時間	平成25年4月1日から平成26年3月31日まで
	商品開発、事務処理、伝票作成	商品開発	3人	8時間(1日)	2時間	45時間	360時間	
	電話応対、伝票整理	総務	2人	8時間(1日)	2時間	45時間	360時間	
② 1年単位の変形労働時間制により労働する労働者								

休日労働をさせる必要のある具体的事由	業務の種類	労働者数(満18歳以上の者)	所定休日	労働させることができる休日並びに始業および終業の時刻	期間
顧客打合せ、事務処理	営業	2人	土曜日・日曜日・その他会社が定めた日	1ヶ月に2日 始業8:00 終業17:00	平成25年4月1日から平成26年3月31日まで
商品開発、事務処理、伝票作成	商品開発	3人			
電話応対、伝票整理	総務	2人			

協定の成立年月日　平成25年3月××日
協定の当事者である労働組合の名称または労働者の過半数を代表する者の職名　氏名　過半数代表者　一般社員　竹内洋子
協定の当事者(労働者の過半数を代表する者の場合)の選出方法(　選挙　)
　　　　使用者　職名　代表取締役
平成25年3月○○日　氏名　株式会社エミリオ販売　代表取締役　田中広一
渋谷　労働基準監督署長　殿

(竹内 代表印)

- 過半数代表者の選出方法を記入(例:選挙、挙手など)。
- 休日労働させる日と始業および終業時刻を記入する。
- 過半数代表者の認印を捺印。

CHAPTER 6　社会保険・労働保険の手続きと書式例

CHAPTER 6　SECTION | 4　社員退職時の手続きについて

社員が退職したときの手続き

新しく社員を雇用したときに手続きが必要なら、会社を辞めるときも手続きが必要になりますよね？

社員が会社を辞めるときは、社会保険と雇用保険からそれぞれ脱退する手続きが必要になります。社会保険は家族分の健康保険証も併せて返却することになりますので注意してください。また、退職後雇用保険の基本手当を受給する場合は「離職票」の発行手続きも行います。

≫ 社員が社会保険から脱退するときの手続き

社員が**社会保険から脱退**するには、「**健康保険・厚生年金保険被保険者資格喪失届**」（書式例220ページ）に家族分も含めた健康保険被保険者証（健康保険証）を添付し提出します。

社会保険の**「資格喪失日」は退職日の「翌日」**となっているので注意してください。

補足　社会保険脱退の書類の提出
年金事務所または健康保険組合へ提出します。

≫ 雇用保険から脱退する手続き（離職票なしの場合）

再就職先が決まっている場合など、退職する社員が雇用保険の基本手当をもらわない場合は「**雇用保険被保険者資格喪失届**」（書式例221ページ）のみを作成し提出します。この「雇用保険被保険者資格喪失届」は、入社時に「雇用保険被保険者証」と一緒に発行された用紙を使用します。

また、**資格喪失日は、雇用保険では「退職日」**を記入します。また、喪失原因として**3つの理由**のうち1

補足　退職理由の3種類
①離職以外の理由…死亡、在籍出向など
②③以外の理由…本人の都合による退職、契約期間満了による退職、役員就任など。
③事業主の都合による理由…解雇、勧奨による退職など。

つを選択して記入します。退職理由は社員の基本手当の受給や助成金の受給要件にも影響するので、間違いのないようにしましょう。

≫ 雇用保険から脱退する手続き（離職票ありの場合）

社員が退職後に雇用保険の基本手当を受給する場合は、**「雇用保険被保険者離職証明書」**（書式例 222 ページ）の作成も必要になります。この「雇用保険被保険者離職証明書」と前項で説明した「雇用保険被保険者資格喪失届」をハローワークに提出することで「離職票－1」「離職票－2」として交付されます。

書類を提出する際は、退職理由に間違いがないかを確認するための書類の提出が求められます。**特殊な事情による退職**の場合はどのような確認書類が必要なのか、ハローワークに確認をとるとよいでしょう。

なお、「雇用保険被保険者離職証明書」には、税金や社会保険料などを控除する前の総支給給料額を記入します。所得税法上は非課税である通勤手当も含めて記入する必要がありますので注意しましょう。

> **注意　特殊な事情による退職の具体例**
> ○事業所移転のため、通勤が困難になり退職…事業所移転の通知が必要
> ○体力不足、疾病のため退職…医師の診断書が必要

[退職理由による確認書類の例]

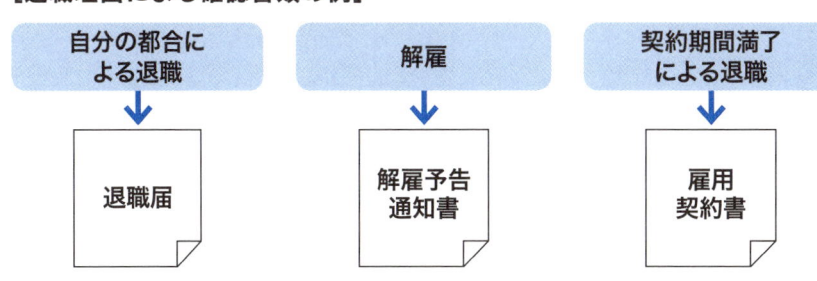

自分の都合による退職	解雇	契約期間満了による退職
↓	↓	↓
退職届	解雇予告通知書	雇用契約書

先生の大事なアドバイス

☑ 労災保険は会社単位で加入・脱退するので社員個人の手続きは不要です。
☑ 退職時の社会保険料は、社会保険から脱退した日（資格喪失日）が属する月の前月分まで支払う必要があります。例えば、社員が月末退職の場合は退職日と社会保険の資格喪失日の属する月が異なります。
〔例〕退職日：平成 25 年 3 月 31 日の場合 → 喪失日：平成 25 年 4 月 1 日
保険料：資格喪失月の当月（4 月）分の保険料は徴収しないが、資格喪失月の前月（3 月）までの保険料は徴収する。

書式 健康保険・厚生年金保険被保険者資格喪失届

- 健康保険被保険者証の番号を記入する。
- 基礎年金番号を記入する。不明の場合は空欄で可。
- 資格喪失日は退職日の翌日を記入する。
- 退職時の標準報酬月額を記入する。
- 備考欄に退職日を記入する。

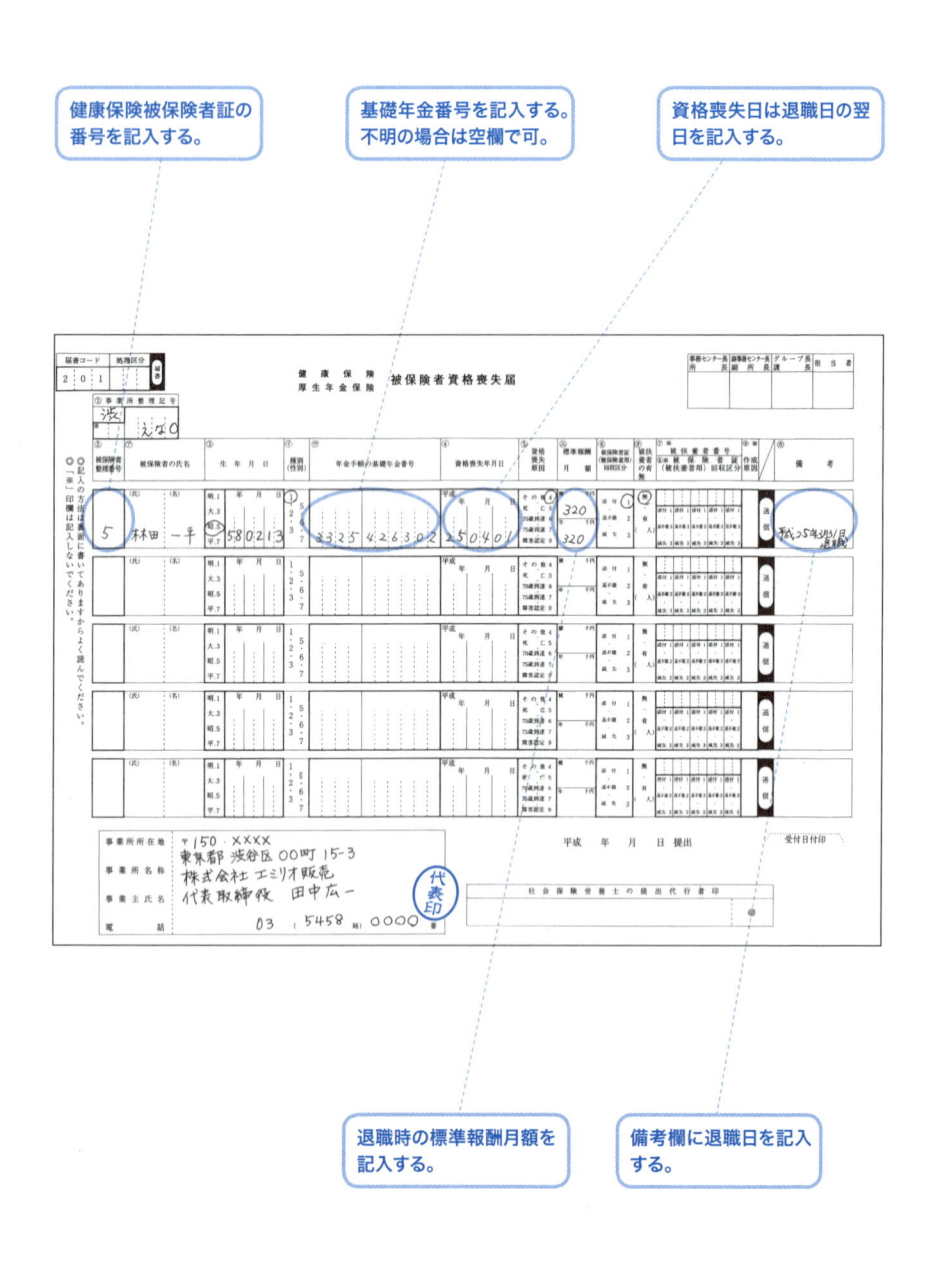

書式 雇用保険被保険者資格喪失届

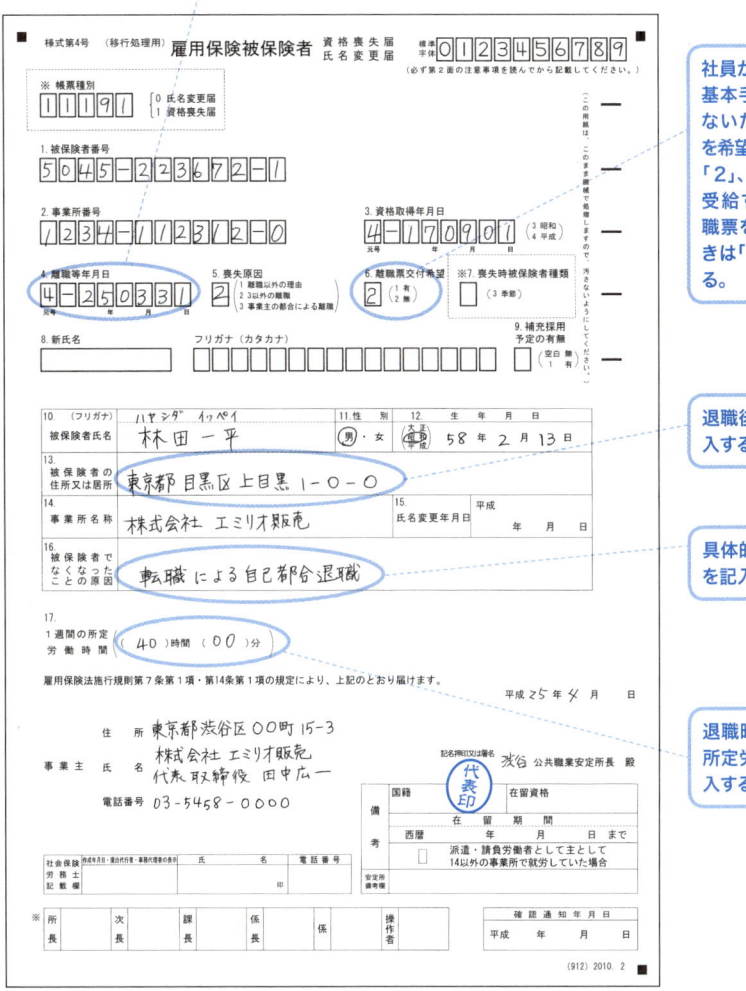

退職日を記入する。

様式第4号（移行処理用） 雇用保険被保険者 資格喪失届／氏名変更届

標準字体 `0 1 2 3 4 5 6 7 8 9`
（必ず第2面の注意事項を読んでから記載してください。）

※ 帳票種別 `1 1 1 9 1`　0 氏名変更届／1 資格喪失届

1. 被保険者番号 `5045-223672-1`
2. 事業所番号 `1234-112372-0`
3. 資格取得年月日 `4-170901`（3 昭和／4 平成）
4. 離職等年月日 `4-250331`
5. 喪失原因 `2`（1 離職以外の理由／2 3以外の離職／3 事業主の都合による離職）
6. 離職票交付希望 `2`（1 有／2 無）
7. 喪失時被保険者種類（3 季節）
8. 新氏名　フリガナ（カタカナ）
9. 補充採用予定の有無（空白 無／1 有）

社員が雇用保険の基本手当を受給しないため、離職票を希望しないときは「2」、基本手当を受給するため、離職票を希望するときは「1」を入する。

10. （フリガナ）ハヤシダ イッペイ　被保険者氏名 林田 一平
11. 性別 男・女
12. 生年月日 大正・昭和・平成 58 年 2 月 13 日
13. 被保険者の住所又は居所 東京都目黒区上目黒1-0-0
14. 事業所名称 株式会社 エミリオ販売
15. 氏名変更年月日 平成　年　月　日
16. 被保険者でなくなったことの原因 転職による自己都合退職
17. 1週間の所定労働時間 （ 40 ）時間 （ 00 ）分

退職後の住所を記入する。

具体的な退職理由を記入する。

退職時の1週間の所定労働時間を記入する。

雇用保険法施行規則第7条第1項・第14条第1項の規定により、上記のとおり届けます。

平成 25 年 4 月 　日

事業主　住所　東京都渋谷区○○町15-3
　　　　氏名　株式会社 エミリオ販売　代表取締役 田中広一
　　　　電話番号　03-5458-0000

渋谷 公共職業安定所長 殿

記名押印又は署名　（代表印）

備考　国籍　在留資格　在留期間　西暦　年　月　日　まで
派遣・請負労働者として主として14以外の事業所で就労していた場合

社会保険労務士記載欄／所長・次長・課長・係長・係・操作者／確認通知年月日 平成　年　月　日

(912) 2010.2

書式 雇用保険被保険者離職証明書（左）

捨て印を押す。

離職票を作成した事務担当者の認印を捺印する。

退職日からさかのぼり、賃金額を記入する。税金や社会保険料などを控除する前の通勤手当も含めた総支給給料額を記入する。

社員の認印を捺印する。ただし、退職後などで社員の認印がもらえない場合は、会社の代表取締役印を捺印することで対応可能。

様式第5号	雇用保険被保険者離職証明書（安定所提出用）

① 被保険者番号 5045-223672-1　フリガナ ハヤシダ イッペイ　離職年月日 平成25年3月31日
② 事業所番号 1234-112312-0　離職者氏名 林田 一平
⑤ 名称 株式会社 エミリオ販売
　事業所所在地 東京都渋谷区〇〇町15-3
　電話番号 03-5458-0000
⑥ 離職者の住所又は居所 〒153-×××× 東京都目黒区上目黒1-0-0
　電話番号（03）15238-××××

この証明書の記載は事実に相違ないことを証明します。
住所 東京都渋谷区〇〇町15-3
事業主 株式会社 エミリオ販売
氏名 代表取締役 田中 広一　【代表印】

※離職票交付 平成　年　月　日（交付番号　　番）　【代表印】【竹内】

離職の日以前の賃金支払状況等

⑧ 被保険者期間算定対象期間
　A 一般被保険者　B 短期雇用特例被保険者の被保険者であった期間
⑨ Aの期間における賃金支払基礎日数
⑩ 賃金支払対象期間
⑪ 基礎日数
⑫ 賃金額 A／B／計
⑬ 備考

離職日の翌日 3月1日～離職日	31日	3月16日～離職日	16日	157,750
2月1日～2月28日	28日	2月16日～3月15日	28日	315,500
1月1日～1月31日	31日	1月16日～2月15日	31日	315,500
12月1日～12月31日	31日	12月16日～1月15日	31日	315,500
11月1日～11月30日	30日	11月16日～12月15日	30日	315,500
10月1日～10月31日	31日	10月16日～11月15日	31日	315,500
9月1日～9月30日	30日	9月16日～10月15日	30日	315,500
8月1日～8月31日	31日	8月16日～9月15日	31日	315,500
7月1日～7月31日	31日	7月16日～8月15日	31日	315,500
6月1日～6月30日	30日	6月16日～7月15日	30日	315,500
5月1日～5月31日	31日	5月16日～6月15日	31日	315,500
4月1日～4月30日	30日	4月16日～5月15日	30日	315,500
3月1日～3月31日	31日	3月16日～4月15日	31日	315,500

⑭ 賃金に関する特記事項

⑮ この離職証明書の記載内容（⑦欄を除く）は相違ないと認めます。
（離職者氏名）林田 一平　【林田】

※公共職業安定所記載欄
⑯欄の記載　有・無
⑰欄の記載　有・無
資・聴　有・無

| 社会保険労務士記載欄 | 作成年月日・提出代行者・事務代理者の表示 | 氏名 | 電話番号 |

※	所長	次長	課長	係長	係

書式 雇用保険被保険者離職証明書（右）

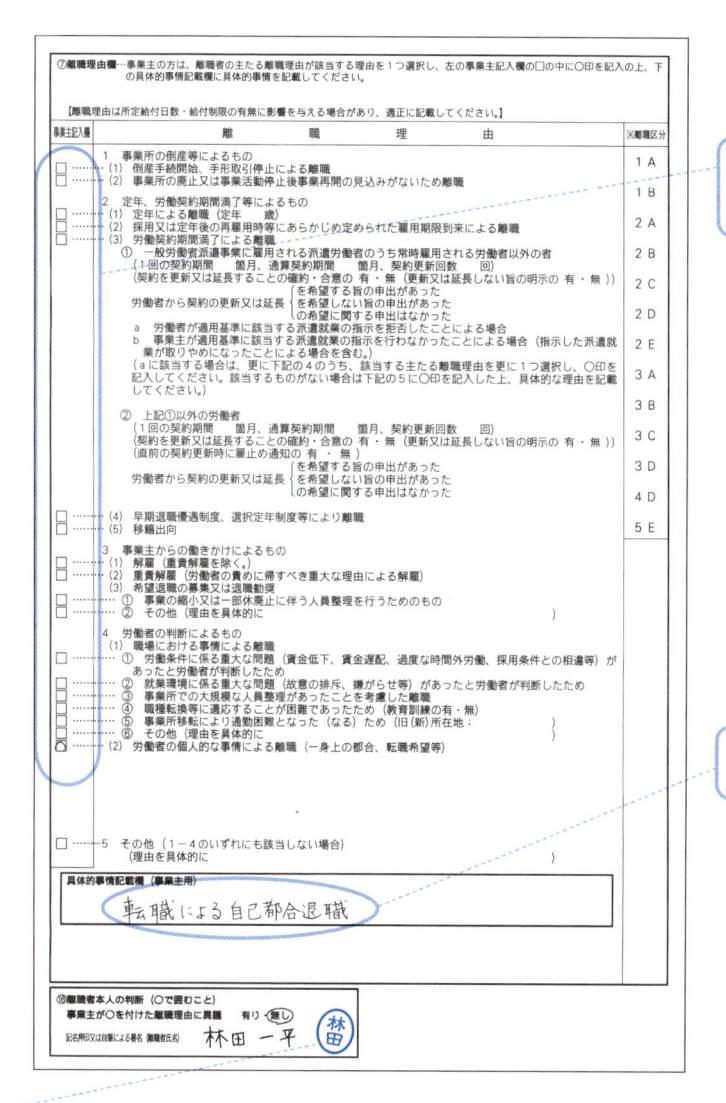

⑦離職理由欄…事業主の方は、離職者の主たる離職理由が該当する理由を1つ選択し、左の事業主記入欄の□の中に○印を記入の上、下の具体的事情記載欄に具体的事情を記載してください。

【離職理由は所定給付日数・給付制限の有無に影響を与える場合があり、適正に記載してください。】

事業主記入欄	離　職　理　由	※離職区分
□ □	1　事業所の倒産等によるもの (1) 倒産手続開始、手形取引停止による離職 (2) 事業所の廃止又は事業活動停止後事業再開の見込みがないため離職	1 A 1 B
□ □	2　定年、労働契約期間満了等によるもの (1) 定年による離職（定年　　歳） (2) 採用又は定年後の再雇用時等にあらかじめ定められた雇用期限到来による離職 (3) 労働契約期間満了による離職 　① 一般労働者派遣事業に雇用される派遣労働者のうち常時雇用される労働者以外の者 　　（1回の契約期間　　箇月、通算契約期間　　箇月、契約更新回数　　回） 　　（契約を更新又は延長することの確約・合意の　有・無（更新又は延長しない旨の明示の　有・無） 　　　　　　　　　　　　　　　　　　　　を希望する旨の申出があった 　　労働者から契約の更新又は延長　を希望しない旨の申出があった 　　　　　　　　　　　　　　　　　の希望に関する申出はなかった 　　　　a　労働者が適用基準に該当する派遣就業の指示を拒否したことによる場合 　　　　b　事業主が適用基準に該当する派遣就業の指示を行わなかったことによる場合（指示した派遣就業が取りやめになったことによる場合を含む。） 　　（aに該当する場合は、更に下記の4のうち、該当する主たる離職理由を更に1つ選択し、○印を記入してください。該当するものがない場合は下記の5に○印を記入した上、具体的な理由を記載してください。） 　② 上記①以外の労働者 　　（1回の契約期間　　箇月、通算契約期間　　箇月、契約更新回数　　回） 　　（契約を更新又は延長することの確約・合意の　有・無（更新又は延長しない旨の明示の　有・無）） 　　（直前の契約更新時に雇止め通知の　有・無　） 　　　　　　　　　　　　　　　　　　　　を希望する旨の申出があった 　　労働者から契約の更新又は延長　を希望しない旨の申出があった 　　　　　　　　　　　　　　　　　の希望に関する申出はなかった	2 A 2 B 2 C 2 D 2 E 3 A 3 B 3 C 3 D 4 D
□ □	(4) 早期退職優遇制度、選択定年制度等により離職 (5) 移籍出向	5 E
□ □ □	3　事業主からの働きかけによるもの (1) 解雇（重責解雇を除く。） (2) 重責解雇（労働者の責めに帰すべき重大な理由による解雇） (3) 希望退職の募集又は退職勧奨 　① 事業の縮小又は一部休廃止に伴う人員整理を行うためのもの 　② その他（理由を具体的に　　　　　　　　　　　　　　　　　）	
□ □ □ □ □ ○	4　労働者の判断によるもの (1) 職場における事情による離職 　① 労働条件に係る重大な問題（賃金低下、賃金遅配、過度の時間外労働、採用条件との相違等）があったと労働者が判断したため 　② 就業環境に係る重大な問題（故意の排斥、嫌がらせ等）があったと労働者が判断したため 　③ 事業所での大規模な人員整理を考慮した離職 　④ 職種転換等に適応することが困難であったため（教育訓練の有・無） 　⑤ 事業所移転により通勤困難となった（なる）ため（旧(新)所在地：　　　　　） 　⑥ その他（理由を具体的に　　　　　　　　　　　　　　　　　　　　　　） (2) 労働者の個人的な事情による離職（一身上の都合、転職希望等）	
□	5　その他（1～4のいずれにも該当しない場合） 　（理由を具体的に　　　　　　　　　　　　　　　　　）	

具体的事情記載欄（事業主用）

転職による自己都合退職

⑯離職者本人の判断（○で囲むこと）
　事業主が○を付けた離職理由に異議　有り・無し
　記名押印又は自筆による署名（離職者氏名）　林田　一平　㊞

著者略歴

吉川 直子（よしかわ・なおこ）

株式会社シエーナ　代表取締役。社会保険労務士事務所シエーナ　代表。
社会保険労務士。（財）生涯学習開発財団認定コーチ。
4カ所の社会保険労務士事務所にて9年間、日本企業、外資系企業の中小企業200社以上の人事労務管理に携わり、実務経験を積み、独立。2003年からコーチングのトレーニングを開始し、独立後はコンプライアンスと職場でのコミュニケーションの両面から労務管理を指導。特に中小企業の現場を知り尽くしたうえでの人材活用法には定評があり、労使トラブルに発展しないための部下に対する具体的なコミュニケーションのアドバイスに強みをもつ。
経営幹部・管理職のコーチングを通じ、職場のコミュニケーションの改善による企業業績の向上支援のため2011年10月株式会社シエーナを設立。コーチングの提供にとどまらず、問題解決のためのコンサルティングの提供を行う。
商工会議所等講演・研修実績多数。また、労務管理に関する雑誌やウェブでの執筆も精力的にこなしている。主な著書に『人ひとり雇うときに読む本』（中経出版）がある。
http://sce-na.com/

Staff
本文デザイン＆DTP：株式会社シーツ・デザイン（島田利之）
イラスト：瀬川尚志
編集協力：パケット

教えて先生！
中小会社の人事・労務・人材活用 図解マニュアル

2013年2月20日　初版発行

著　者　吉川直子
発行者　佐藤龍夫
発行所　株式会社 大泉書店
　　　　住所 〒162-0805　東京都新宿区矢来町27
　　　　電話 03-3260-4001（代）　FAX 03-3260-4074
　　　　振替 00140-7-1742
印刷・製本所　図書印刷株式会社

©2013 Naoko Yoshikawa　Printed in Japan

本書を無断で複写（コピー・スキャン・デジタル化等）することは、著作権法上認められている場合を除き、禁じられています。小社は、著者から複写に係わる権利の管理につき委託を受けていますので、複写される場合は、必ず小社宛にご連絡ください。

落丁・乱丁本は小社にてお取替えします。
本書の内容についてのご質問は、ハガキまたはFAXでお願いします。
URL　http://www.oizumishoten.co.jp/
ISBN 978-4-278-07119-1　C0077